Bettina Studer

Glücksorte in Bern

Fahr hin und werd glücklich

Droste Verlag

Für Mueti, Grosi und Tante E.

Liebe Glücksuchende,

für mich liegt das Glück vor der Haustür. Jedes Mal, wenn ich meine Wohnung in Bern verlasse und hinaus auf die kopfsteingepflasterten Straßen trete, durchströmt mich ein Gefühl der Dankbarkeit.
Es ist ein Geschenk, in dieser wunderbaren Stadt zu leben.
Ganz egal, wo man gerade unterwegs ist, in Bern findet man überall Glücksorte. An der blaugrünen Aare genauso wie in der Altstadt mit ihren Lauben und kleinen Läden oder in den Außenquartieren.
Eine Auswahl an Glücksorten für dieses Buch zu treffen, war eine Herausforderung. Für mich ist ganz Bern ein einziger Glücksort.
Nie werde ich müde, durch die Straßen und Gassen zu streifen.
Komme ich von einer Reise zurück, dann immer mit einem Lächeln im Gesicht. Für mich ist Bern viel mehr als bloß mein Zuhause.
Für mich ist es der schönste Ort der Welt.
Man sollte die Stadt mit Muße entdecken, ganz nach dem Motto „nume nid gsprängt", nur keine Eile. Der Blick um die nächste Ecke lohnt sich, versprochen! Es könnte sein, dass dort der ganz persönliche Glücksort wartet.

Ihre Bettina Studer

Deine Glücksorte ...

… noch mehr Glück für dich

Abseits von Lärm & Hektik

1 *Flanieren in der Brunngasse*

Die Brunngasse ist eine der schönsten Gassen in Bern, wenn nicht gar die schönste. Aber das ist natürlich Ansichtssache. Sicher ist, die Brunngasse ist etwas Besonderes. Sie ist so ganz anders als ihre geschäftigen, zuweilen lauten Hauptgasse-Schwestern.
Biegt man von der Rathausgasse in die Brunngasse ein, befindet man sich urplötzlich in einer anderen Welt. Weg sind die vielen Menschen, fort das bunte Treiben. Hier in dieser Straße geht es ruhig und gemächlich zu. Keine Spur von Eile, kaum Schaufenster, deren Auslage nach Aufmerksamkeit schreit. Hier ruht der Blick viel mehr auf den wunderschönen Altstadthäusern. Bunte Blumen schmücken die Fenster und bilden einen hübschen Kontrast zum grauen Sandstein. Das Kopfsteinpflaster ist glatt und glänzt im Sonnenlicht, sanft legt sich die Brunngasse in die Kurve. Man darf gespannt sein, was hinter der Biegung wartet. Vielleicht sind es die roten Fensterrahmen der Zimmermania. Das Restaurant war einst Stammlokal der jungen Radikalen und galt als Brutstätte allen Übels. Heute ist es ein gehobener Gastronomiebetrieb, der französische Spezialitäten serviert. Möglicherweise trifft man auf die Zsa Zsa Bar, die wohl kleinste Bar der Stadt. Nur wenige Leute haben Platz, hier kommt man schnell ins Gespräch. Oder aber man stößt auf den Secondhand-Laden Glanz und Gloria. Hier gibt es Vintage-Kleider vom Feinsten. Egal, wo man sich in der Brunngasse gerade befindet, immer fühlt man sich ein wenig ins Mittelalter zurückversetzt. Die Gasse ist eine der wenigen Straßen der Stadt, die im Lauf der Geschichte ihren Namen nicht geändert haben. Sie ist gesäumt von historischen Häusern. In jenem mit der Nummer 48 etwa befand sich einst die erste Entbindungsanstalt der Stadt Bern. Die ist zwar längst ins Frauenspital umgezogen, trotzdem haben Kinder noch immer ihren festen Platz in der Brunngasse. Auch Familien lieben den Ort inmitten der Altstadt und dennoch abseits von Lärm und Hektik.

Restaurant Zimmermania, Brunngasse 19, 3011 Bern, Tel. +41 (0) 31 311 15 42
www.zimmermania.ch
Zsa Zsa Bar, Brunngasse 11, 3011 Bern, Tel. +41 (0) 31 312 13 08
Glanz und Gloria, Brunngasse 48, 3011 Bern, Tel. +41 (0) 31 311 19 50
ÖPNV: Tram 6, 7, 8, 9, Haltestelle Zytglogge, Bus 10, 12, 19, Haltestelle Zytglogge

Wo das Bier in Strömen fließt

2 *Selbstgebrautes in der Barbière*

In der Barbière ist immer etwas los. Ganz egal zu welcher Tageszeit, alleine ist man im hippen Lokal am Breitenrainplatz garantiert nie. Warum das so ist? Nun ja, das Lokal liegt zentral, die Bedienung ist freundlich und der Wohlfühlfaktor hoch. Hinzu kommt das hochgelobte, selbst gebraute Bier. Es entsteht in der Mikrobrauerei im hinteren Teil des Lokals. Je nach Lust und Laune werden dort Spezialbiere und Ales gebraut, inspiriert von der belgischen, englischen und amerikanischen Braukultur. Aus den fünf Zapfhähnen an der Bar fließt an manchen Tagen ein Red Ale namens Roxanne, das Weizenbier La Fraîcheur oder aber Hot Thymes, ein Pale Ale. Es soll für alle ein Bier dabei sein, das ihnen schmeckt, nicht nur für Kenner.

Die Atmosphäre ist ein weiterer Grund, warum man in der Barbière nie alleine ist. Das Lokal strahlt etwas Großstädtisches aus, es würde ausgezeichnet nach London oder New York passen. Drinnen: Industrial Style mit rustikalen Holztischen und -stühlen vor unverputzten Backsteinmauern. Die großen bogenförmigen Sprossenfenster sind ein wahrer Hingucker, genauso wie die Lampen aus bauchigen Glasflaschen, die über den Köpfen schweben. Draußen: Schrebergarten-Chic mit Metalltischen, Klappstühlen und ein paar Wimpelketten. Der Spagat zwischen Großstadt-Chic und bodenständigem Berner Charme gelingt bestens.

TIPP An manchen Abenden finden manchmal Konzerte und kulinarische Events statt, meist passend zur Jahreszeit.

Gefallen tun auch die Öffnungszeiten der Barbière. Bereits am frühen Morgen gehen die Türen auf. Schlaftrunkene, wortkarge Frühaufsteher sind genauso für den ersten Kaffee des Tages willkommen, wie gut gelaunte, quasselnde Morgenmenschen. Die Croissants sind bereit, verschiedene Zeitungen auch. Der Tag kann beginnen. Nach einem etwas ruhigeren Vormittag wird es zur Mittagszeit wieder richtig voll. Dann werden drei verschiedene Gerichte serviert. Man ist nicht nur nicht allein, sondern muss schauen, dass man einen Platz kriegt. Reservieren lohnt sich.

Barbière, Breitenrainplatz 40, 3014 Bern, Tel. +41 (0) 31 536 70 77
www.barbière-bern.ch
ÖPNV: Tram 9, Haltestelle Breitenrain

Jungbrunnen in acht Ecken

3 *Entspannte Stunden im Hammam*

Im Oktogon am Aareufer im Marzili wird geschrubbt, gepeelt und eingeseift, was das Zeug hält. Im Innern des ehemaligen Gaskessels aus dem 19. Jahrhundert verbirgt sich nämlich ein Hammam, ein orientalisches Bad zur Reinigung von Körper, Geist und Seele. Kaum ist man durch die Tür getreten, wähnt man sich in einem Märchen aus 1001 Nacht. Orientalische Laternen verbreiten sanftes Licht, wohlriechende Düfte lullen einen ein. Die Außenwelt rückt in weite Ferne.

Für den gut zweistündigen Rundgang durchs Hammam wickelt man sich ein Pestemal, ein traditionelles Leinentuch, um. Nackig ist hier niemand. Nach einem kurzen Aufenthalt im ersten Kräuterdampfbad folgt ein Ganzkörperpeeling. Mit dem Kese, dem Peelinghandschuh, wird beim Schrubben nicht nur alten und abgestorbenen Hautzellen der Garaus gemacht, sondern auch kleinen Alltagssorgen. Die sind in der wohligen Wärme des Hammams ganz schnell vergessen. Nun heißt es relaxen im 35 Grad warmen Wasser. Dann nochmals dampfen, peelen und staunen, wie unglaublich zart und glatt sich nun die Haut anfühlt. Der ganze Körper ist gelöst, die Muskeln sind entspannt, der Geist kommt zur Ruhe. Es ist Zeit für ein Nickerchen auf dem warmen Nabelstein. Dort lässt es sich herrlich dösen und träumen. Bestens erholt ist nun der richtige Zeitpunkt für eine Rasulpackung. Die gibt es nur auf Wunsch und ist sehr zu empfehlen. Rasul ist ein Heilschlamm mit allerlei kostbaren Mineralien, der auf Haut und Haare aufgetragen wird. Nach etwa 20 Minuten kommt der getrocknete Schlamm wieder runter vom Körper. Hervor kommt eine Haut wie ein Babypopo, wunderbar zart und weich.

TIPP Jeden Dienstag ist im Hammam Frauentag.

Weil der Körper nicht nur von außen, sondern auch von innen genährt werden will, gibt es zum Abschluss des Hammam-Rundgangs Tee und kleine orientalische Köstlichkeiten im Bistro. Wer danach noch ein wenig ruhen möchte, kann das unter dem Dach des Oktogons tun. Dort hat es bequeme Matten und Kissen. Oder aber man gönnt sich noch eine Massage. Die gibt es allerdings nur auf Voranmeldung.

Hammam & Spa Oktogon, Weihergasse 3, 3005 Bern, Tel. +41 (0) 31 311 31 01
www.hammam-bern.ch

ÖPNV: Drahtseilbahn Marzili ab Bundesterrasse, Haltestelle Marzili, Bus 30, Haltestelle Dalmazibrücke

In Annas Garten

4 *Märchenhafter Landschaftspark Elfenau*

Bern ist eine unglaublich grüne Stadt. Lauschige Plätzchen unter Schatten spendenden Bäumen gibt es viele. Ein richtiges Juwel ist der Elfenaupark am südlichen Stadtrand, kurz die Elfenau. Sie ist eines der beliebtesten Naherholungsgebiete der Stadtbewohner, ein wunderbarer Ort, um ganz bei sich zu sein. Möglichkeiten für eine kleine Auszeit gibt es einige. Einfach nur durch den Park zu schlendern oder sich ins Parkcafé zu setzen, sind nur zwei davon.

Aus gartenhistorischer Sicht ist die Elfenau einer der wichtigsten Landschaftsparks der Schweiz aus dem frühen 19. Jahrhundert. Angelegt wurde der Park von der russischen Fürstin Anna Feodorowna. Sie, die mit dem Bruder des russischen Zaren verheiratet war, flüchtete 1811 vor ihrem gewalttätigen Ehemann nach Bern. In der Fremde schuf Anna einen Landschaftspark nach englischem Vorbild. Sie importierte exotische Bäume und ließ eine Orangerie errichten, um Zitrusgewächse zu überwintern. Das Herrenhaus, wo früher ein Kloster stand, staffierte sie mit Fassadenelementen im Empire-Stil aus und ließ auf dem Rasenrondell einen Brunnen bauen. Was damals entstand, ist bis heute ein märchenhafter Ort. Der Name Elfenau besagt es ganz treffend. 1860 starb Anna. Ihr Sohn verkaufte das Landgut.

Seit 1918 gehört die Elfenau der Stadt Bern, die den Park der Bevölkerung zugänglich machte. Dem Ort wohnt ein ganz besonderer Zauber inne – auch ohne Elfen. Für viele Menschen ist der Park ein Kraftort, so wie er es wohl auch für Anna gewesen ist. Andere genießen ganz einfach die Idylle, den Mix aus Altem und Neuem, welcher der Anlage ein besonderes Flair verleiht. Sehr empfehlenswert, ist der Gang durch den historischen Zierpflanzengarten. Dort gedeihen alte, teils fast vergessene Stauden und Sommerblumen. König Theodor, eine alte Kapuzinerkresse, wächst neben dem Blauen Jungen, einer alten Kornblumensorte. Purpurrote Pfingstrosen wetteifern mit schneeweißem Rittersporn. Fürstin Anna hätte ihre helle Freude gehabt.

Landschaftspark Elfenau, Luternauweg 15, 3006 Bern, Tel. +41 (0) 31 321 69 22
www.bern.ch/themen/freizeit-und-sport/grunanlagen/wichtige-parkanlagen/elfenaupark
ÖPNV: Bus 19, Haltestelle Luternauweg

Landleben unter den Lauben

5 *Hinreißende Blumen- und Hofboutique Flair*

Der Laden ist eine Augenweide. Es ist unmöglich, daran vorbeizugehen, ohne innezuhalten. Beim Anblick der Blumenpracht geht das Herz auf. Erinnerungen an unbeschwerte Sommertage auf dem Land werden wach, an Blumenwiesen, summende Bienen und Kornfelder. Hier, inmitten der geschäftigen Berner Altstadt, verbirgt sich ein kleines Paradies voller Farben und Düfte. Üppige Blumensträuße, die aussehen wie selbst gemacht, fallen ins Auge. Kränze sowie Töpfe und Schalen mit allerlei Kräutern gesellen sich dazu. Dazwischen stehen auf Möbeln aus Großmutters Zeiten große und kleine Schätze: Vasen, Bilder, Suppenschüsseln und Körbe, lauter gebrauchte Einzelstücke. Hinzu kommen kulinarische Spezialitäten. Selbst gemachter Sirup und Marmelade etwa, aber auch Dauerwürste und Mostbröckli. Alles ist liebevoll arrangiert und wirkt ein bisschen zufällig. Obwohl der Laden nicht groß ist, gibt es viel Hübsches zu entdecken. Es ist ausdrücklich erlaubt, sich für ein paar Minuten einfach nur sattzusehen und sich an der ganzen Pracht zu erfreuen. Die Blumen- und Hofboutique Flair ist ein kleines Stück heile Welt, geschaffen von Judica und Urs Altmann. Die beiden bewirtschaften außerhalb von Bern den Kardenhof. Dort auf den Feldern und in den Gärten wachsen all die Blumen, Kräuter und Beeren, die für den Laden bestimmt sind. Alles gedeiht in Bioqualität, in jedem Pflänzchen steckt viel Liebe und auch sehr viel Arbeit. Deshalb finden bei Flair selbst die unscheinbarsten Blümchen ihren Platz in einem der Sträuße. Sie sind es, die Duftrosen und Lilien so richtig in Szene setzen. Natürlichkeit und Ästhetik werden bei Flair großgeschrieben. Die Natur dient als Inspiration. Die Sträuße sind verspielt und sehen aus, als wären sie auf der Wiese gewachsen. Die Leidenschaft für alles, was wächst und blüht, ist nicht nur sichtbar, sondern auch spürbar. Und sie steckt an. Spätestens nach dem Besuch bei Flair ist er da, der Wunsch nach dem eigenen kleinen Blumenparadies. Gerne auch auf der Fensterbank.

Flair Blumen- und Hofboutique, Kramgasse 60, 3011 Bern, Tel. +41 (0) 31 311 37 30
www.blumenflair.ch
ÖPNV: Bus 12, Haltestelle Zytglogge oder Rathaus

Von der Wurzel zum Blatt

6 *Kochen ohne Reste bei „Mein Küchenchef“*

Kochen ohne Resten ist ein neuer Trend. Im Restaurant „Mein Küchenchef“ im bernischen Köniz hat man längst erkannt, dass sich Karotten und Co. vollständig verwerten lassen. Küchenchef Mirko Buri und Geschäftsführer Pierre-Yves Bernasconi setzen das Konzept einer Küche ohne Reste konsequent um, ohne den Mahnfinger zu heben. Missioniert wird im „Küchenchef“ nicht, Besucherinnen und Besucher des Restaurants werden lediglich dezent auf die Problematik hingewiesen. Etwa indem frisches Gemüse, das nicht der gängigen Norm entspricht, im Restaurant gut sichtbar in offenen Kühlvitrinen präsentiert wird. Sofort wird klar: Ist die Karotte krumm und die Kartoffel fleckig, schmeckt sie trotzdem gut. Den Beweis dafür hat man appetitlich angerichtet auf dem Teller.

Für Mikro Buri und sein Team ist es eine Herzensangelegenheit, Abfall zu vermeiden. Karotten- oder Rote-Beete-Schalen beispielsweise werden nach dem Schälen getrocknet, gemahlen und zu Salz verarbeitet. Aus Orangenschalen gibt es Orangenzucker. Mehr als 20 Tonnen Lebensmittel aus regionaler Landwirtschaft rettet Mirko Buri mit seinem Restaurant pro Jahr. Vom Feld bis auf den Teller fallen zehnmal weniger Lebensmittelverluste an als in konventionellen Gastronomiebetrieben. Um Essensreste zu vermeiden, sind die Portionen nicht riesig. Wer noch hungrig ist, darf nachschöpfen. Alle sollen satt werden.

Fürs Mittagsmenü kocht Buri stets vegetarisch. Das Gemüse stammt von regionalen Biobauern. Auf Zusatzstoffe und Geschmacksverstärker wird verzichtet. Fleisch gibt es nur à la carte und in bester Qualität. Dass insbesondere Fleischstücke verwendet werden, die sonst kaum den Weg in die Pfanne finden, passt perfekt ins Konzept von „Mein Küchenchef“. Gekocht wird im vitaminschonenden Sous-Vide-Verfahren. Der nötige Strom stammt zum größten Teil aus einer Solaranlage. Eingerichtet ist das Restaurant schlicht und trendig. Im Laden werden rund 200 handverlesene Produkte angeboten, Salate und Suppen genauso wie Eingemachtes und Desserts.

Restaurant Mein Küchenchef, Landorfstraße 7, 3098 Köniz, Tel. +41 (0) 31 318 66 66
www.mein-kuechenchef.ch

ÖPNV: Bus 17, 29, Haltestelle Köniz Weiermatt

Besser als Ferien am Meer

7 *Erholsame Stunden im Lorrainebad*

Was gibt es Schöneres, als an einem heißen Sommertag ins kühle Nass zu springen? In Bern gibt es für den Badespaß zahlreiche Möglichkeiten. Dank der Aare, die mitten durch die Stadt fließt, ist man nie weit weg vom Wasser. Wer im Lorrainebad abtauchen will, muss zwar einen etwas längeren Spaziergang auf sich nehmen, ist nachher aber im kultigsten Stadtbad von Bern. Vom Hauptbahnhof bis hinunter zum Bad direkt an der Aare dauert es etwa eine Viertelstunde. Unten am Fluss wartet ein besonderes Schauspiel. Auf dem Weg flussabwärts kommen einem viele leicht bekleidete Fußgänger entgegen. Jene mit Badelatschen an den Füßen schlendern ganz entspannt über den heißen Asphalt. Die Barfüßigen hingegen vollführen Tänze, tauchen die Füße zwischendurch ins kühle Wasser oder drängen sich am grasbewachsenen Wegesrand. Das Ganze gleicht einem Pilgerzug in Bikini und Badehose. Die Aareschwimmer sind unterwegs zu einer der vielen Einstiegsstellen weiter flussaufwärts. Die meisten springen ins Wasser, ohne eine Miene zu verziehen. Es gibt aber auch jene, die minutenlang zögern, bevor sie sich kreischend und lachend in die Fluten werfen. Das Lorrainebad ist ein wichtiger Begegnungs- und Erholungsort. Jedes Jahr freuen sich viele aufs Neue auf geruhsame Stunden im Bad und die herrlich erfrischenden Momente in der Aare. Die Strömung der Aare ist im Bereich des Lorrainebads nicht allzu stark, der Ausstieg entsprechend einfach. Wer ein Treppchen verpasst, nimmt einfach das nächste. Unterschätzen sollte man den Fluss aber nie!

Wem die Aare zu abenteuerlich ist, findet im Lorrainebad ein Naturschwimmbecken. Das teilt man sich mit großen und kleinen Fischen, ab und zu auch mit einigen Enten. Zum Trocknen kann man sich auf die Holzpritschen am Beckenrand legen oder auf eine der großen Liegewiesen. Besonders begehrt sind die Schattenplätze unter den Lindenbäumen, dort heißt es zusammenrücken.

Lorrainebad, Uferweg, 3013 Bern, Tel. +41 (0) 31 332 29 50
www.lorrainebad.ch
ÖPNV: Bus 20, Haltestelle Lorraine

Genialer Tintenscheißer

8 *Zu Besuch bei Albert Einstein*

Na, aufgepasst im Physikunterricht? Wie war das doch gleich mit der Relativitätstheorie? Mit Zeit, Raum und Gravitation? Mit $E = mc^2$? Es reicht, wenn hängen geblieben ist, dass wir diese Formel dem Physiker Albert Einstein zu verdanken haben. Eine größere Rolle soll Physik hier gar nicht spielen. Einstein lässt sich in Bern nämlich auch ganz ohne Formeln hautnah erleben. Schließlich lebte der Physiker von 1902 bis 1909 in der Stadt, gut anderthalb Jahre davon an der Kramgasse. Dort, mitten in der Altstadt, ereigneten sich hinter der Sandsteinfassade wahre Quantensprünge. Um 1905 entwickelte Einstein an diesem Ort seine fünf wichtigsten Arbeiten, unter anderem die Spezielle Relativitätstheorie. Heute ist das Einstein-Haus für Besucherinnen und Besucher aus aller Welt zugänglich. Es ist ein Ort, wo sich Geschichte erleben lässt. In der Wohnung im zweiten Stock ist zu sehen, wie Einstein, seine Frau Mileva Maric und sein Sohn Hans Albert lebten. Einfach war es wohl, das Leben der Familie. Das lassen Möbel, Bilder und der Rest der Einrichtung erahnen. Die Einsteins lebten bescheiden.

TIPP Pause einlegen im Einstein Café & bel étage, im Erdgeschoss des Hauses.

Im dritten Stock des Einstein-Hauses sind der Lebensweg und das Wirken von Albert Einstein dokumentiert. Einigen mag dort in Sachen Relativitätstheorie gar ein Lichtlein aufgehen.

Einstein kam wegen einer Anstellung beim Berner Patentamt nach Bern, nicht etwa um an der Uni zu dozieren. Er sagte damals, er sei ein „eidgenössischer Tintenscheißer". Vom wissenschaftlichen Arbeiten hielt ihn sein trockener Brotjob nicht ab. Und so wurde das Jahr 1905 für Einstein zum Annus Mirabilis, zum wunderbaren Jahr. Einsteins Frau Mileva war am Erfolg ihres Mannes maßgeblich beteiligt. Sie, die kluge Mathematikerin, hielt ihm den Rücken frei und unterstützte ihn auch fachlich. Einstein sagte einmal: „Ich brauche meine Frau. Sie löst alle meine mathematischen Probleme." Da hat Herr Einstein wohl Glück gehabt.

Einstein-Haus, Kramgasse 49, 3000 Bern 8, Tel. +41 (0) 31 312 00 91
www.einstein-bern.ch
ÖPNV: Bus 12, Haltestelle Zytglogge

Innen zart, außen hart

9 *Mandelbärli, Berns süße Botschafter*

Mit einem Mandelbärli kann beinahe jeder Ort in Bern zum Glücksort werden. Man braucht es bloß auszupacken und hineinzubeißen. Das luftig leckere Tierchen aus Kuchenmasse passt als süßer Proviant in jede Handtasche. Verschmitzt lächelt es einem zu. Fast tut es einem ein wenig leid, es zu verspeisen. Es allerdings nicht zu tun, wäre jammerschade und verlangte zudem ein hohes Maß an Selbstbeherrschung. Die Bärli sind ein kleiner Happen Glück und so etwas wie die süßen Botschafter Berns. Kreiert haben sie die Konditoren der Bäckerei Glatz. Es gibt die Bärli nicht nur im mandelsüßen Original, sondern auch in diversen weiteren Geschmacksrichtungen. Jenes aus Schokolade etwa rühmt sich, das Ferien-Bärli zu sein: immer braun gebrannt und bei bester Laune. Das Zitronen-Bärli bringt Frische und jenes mit Cappuccino-Geschmack gilt als Wachmacher. Köstlich sind sie alle. Um das persönliche Lieblingsbärli zu finden, bleibt aber wohl nichts anderes übrig, als jede Sorte zu probieren. Ursprünglich waren die Formen, in denen die ersten Mandelbärli gebacken wurden, für Schokolade gedacht. Mit Hilfe eines Spenglers machte man sie 1989 tauglich für Kuchenmasse, pünktlich zum 125-jährigen Bestehen der Bäckerei Glatz. Ganz ohne Panne ging das Backen nicht. Ein Bäcker vergaß die Formen im Ofen. Sie wurden beschädigt und mussten in einer Nacht-und-Nebel-Aktion repariert werden. Mittlerweile sind die alten Bleche längst ausrangiert. Aber auch mit den neuen und weiterentwickelten Blechen bleibt das Bärlibacken eine Herausforderung, vor allem weil sich der Teig beim Backen zusammenzieht. Es ist eine wahre Kunst, dass die kleinen liebevollen Details, wie zum Beispiel das Schmunzeln, des Mandelbärlis auch noch erkennbar sind, wenn es aus dem Ofen kommt.

Vor Kurzem haben sich in den den Bäckereien von Glatz Mini-Mandelbärli zu den großen hinzugesellt. Genau wie diese sind die Kleinen außen hart und innen zart und passen perfekt in jedes Schleckermaul.

TIPP Die Bärli sind nicht nur bei Glatz erhältlich, sondern auch im Coop oder bei Loeb.

Bäckerei Glatz, Waisenhausplatz 21, 3011 Bern, Tel. +41 (0) 31 300 20 21
www.mandelbaerli.ch
ÖPNV: Tram 9, Haltestelle Bärenplatz

BERNER MANDELBÄRLI
ORIGINAL
BERNER MANDELBÄRLI
MARRONI
BERNER MANDELBÄRLI
PISTACHE

Hügel aus Glas & Stahl

10 *Kunst im Zentrum Paul Klee*

Schon von Weitem sind sie sichtbar: die drei sanft geschwungenen Hügel des Zentrums Paul Klee. Mühelos und mit Leichtigkeit fügt sich das Gebäude aus Stahl und Glas in die Umgebung ein, bildet eine Einheit mit der Hügellandschaft im Hintergrund. Aus der Ferne lässt sich die schiere Größe des Baus nur erahnen. 150 Meter lang ist die Glasfassade, 19 Meter misst sie an der höchsten Stelle. Ein kühner Wurf ist es, der hier 2005 entstanden ist. Ein Bau, der nicht nur die Herzen von Architekturfans höherschlagen lässt, sondern auch die Herzen jener, die noch nie etwas von Renzo Piano gehört haben. Piano ist der italienische Stararchitekt, der das Zentrum Paul Klee erbaut hat. Staunen ist angesichts der einmaligen Konstruktion erlaubt. Im Innern der Hügel dreht sich fast alles um Paul Klee. Er wurde 1879 geboren und beschloss bereits während seiner Schulzeit in Bern, einmal Künstler zu werden. Erst malte er Landschaften und Karikaturen. Weltberühmt wurde er später vor allem für seine farbenfrohen und ausdrucksstarken Gemälde. Klee selber sagte einmal: „Die Farbe hat mich. Sie hat mich für immer. Das ist der glücklichsten Stunde Sinn: Ich und die Farbe sind eins. Ich bin Maler."

Klee teilte dieses Glück. In seinen Werken ist es dem Betrachter bis heute zugänglich. Wer mag, lässt sich inspirieren, greift selbst zu Papier und Stiften und lässt der Kreativität freien Lauf. Eine freie Seite in der Agenda oder eine der letzten Seiten dieses Glücksorte-Buchs bieten Platz genug. Wie das Ergebnis ausfällt, spielt ganz und gar keine Rolle. Hauptsache das Zeichnen und Gestalten macht Freude. Schön ist in diesem Fall, was gefällt; einem selber und nicht etwa den anderen. Doch zurück zu Klee: Die Auswahl der im Zentrum gezeigten Bilder ändert sich regelmäßig. Denn Klee malte so unermüdlich, dass die Sammlung zu umfangreich ist, um alle Werke auf einmal zu zeigen.

TIPP Im Zentrum Paul Klee stehen auch Konzerte, Tanz und Theater sowie Lesungen auf dem Programm.

Zentrum Paul Klee, Monument im Fruchtland 3, 3006 Bern, Tel. +41 (0) 31 359 01 01
www.zpk.org

ÖPNV: Bus 12, Haltestelle Zentrum Paul Klee

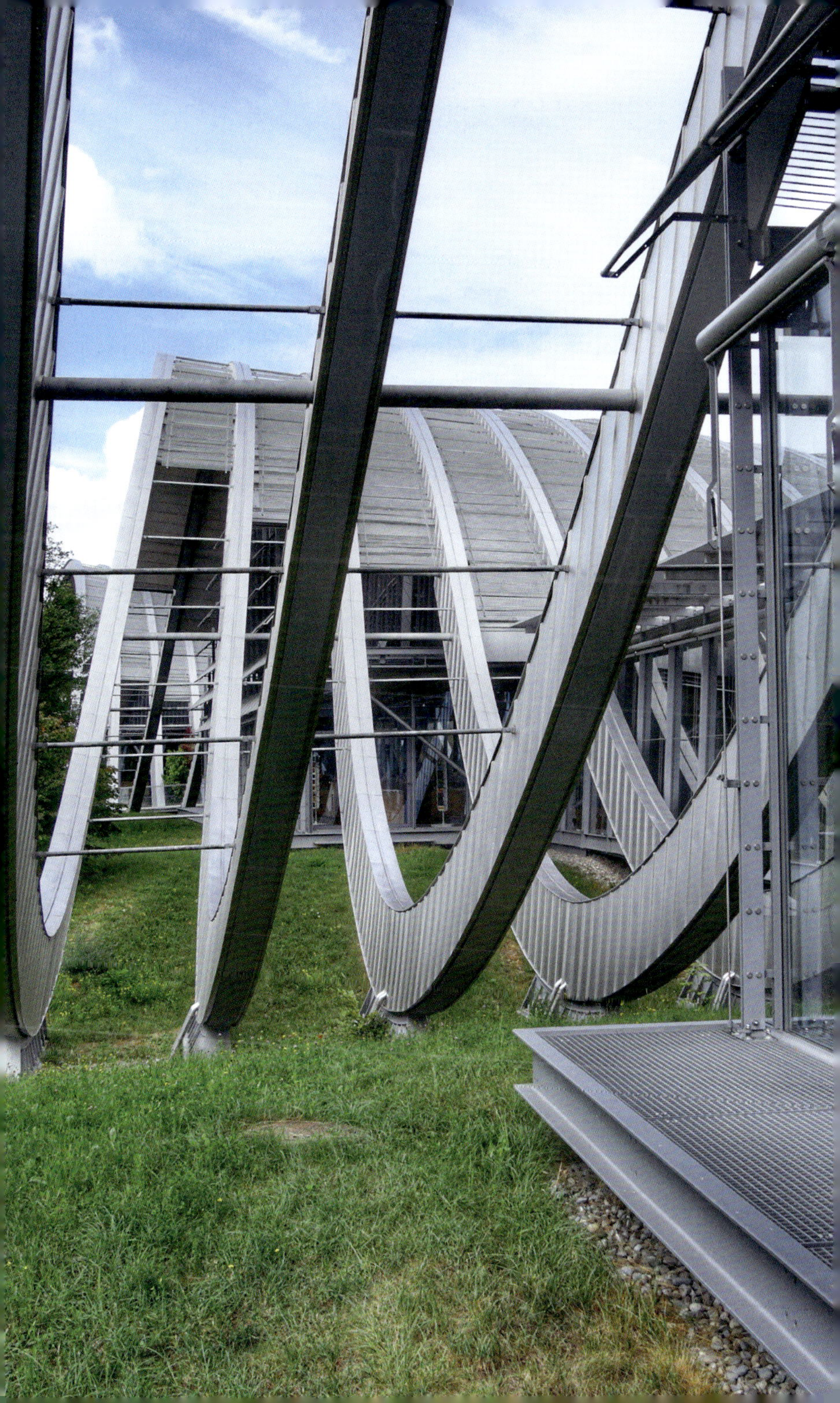

Ah, la dolce vita

11 *Lebensfreude dank der Gelateria di Berna*

Was darf's denn sein? Baumnuss-Heidelbeer, Fior di Latte, Marzipan-Mohn oder doch lieber Mare di Nutella oder Ricotta-Feige? Mindestens zwei Sorten sollte man sich gönnen, wenn man bei der legendären Gelateria di Berna im Marziliquartier ein Eis bestellt. Nicht irgendein Eis, sondern – glaubt man Kennern – das beste Eis in ganz Bern. Nein, auf der ganzen Welt! Um an die himmlisch cremigen Gelati zu kommen, braucht es unter Umständen etwas Geduld. Nicht selten bilden sich lange Schlangen vor den Tresen. Sich die Beine in den Bauch zu stehen, lohnt sich aber, ganz großes Ehrenwort. Am Ende wartet Hochgenuss pur: feinste Gelati mit natürlichen Ingredienzien, kreiert in dem hauseigenen Laboratorio. Beim Warten kann und sollte man sich schon mal der schwierigen Frage widmen, welche der vielen unbekannten Sorten im Becher oder im Cornetto landen sollen. Die Entscheidung fällt schwer. Nicht umsonst heißt es wohl die Qual der Wahl. Warum also nicht andere Schleckmäuler um Rat fragen? Die meisten in der Warteschlange sind mit großer Wahrscheinlichkeit nicht zum ersten Mal hier und lassen sich bestimmt gerne auf eine kleine Fachsimpelei ein. Es kann so einfach sein, mit Fremden ins Gespräch zu kommen. Die Gelateria di Berna hat Italianità pur in die Stadt gebracht. Rund um das Laboratorio im Marziliquartier wähnt man sich urplötzlich in einer italienischen Kleinstadt. Überall sitzen Leute mit ihren Gelati auf Mäuerchen und Bänken, schwatzen, lachen und gestikulieren. Fast möchte man sich die Augen reiben. Ist man wirklich noch in Bern? Klar doch. Hier kann man auch südländisch, wenn auch nicht ganz so temperamentvoll. Still wird es um das Laboratorio erst im November. Dann macht die Gelateria bis März dicht. Pünktlich zum Frühling erwachen die kreativen Köpfe des Unternehmens aus ihrem Winterschlaf. Die Gelatieri kalkulieren wieder Rezepte, kreieren Neues und pflegen Bewährtes, damit sich das Schlangestehen aufs Neue lohnt.

TIPP

Die Gelateria gibt es an insgesamt vier Standorten in verschiedenen Quartieren.

Gelateria di Berna, Laboratorio Marzili, Marzilistraße 32, 3005 Bern, Tel. +41 (0) 31 508 52 32
www.gelateriadiberna.ch

ÖPNV: Drahtseilbahn Marzili ab Bundesterrasse, Haltestelle Marzili

PREISE
Kleine Portion
3.50
CHF
1 ODER 2 SORTEN
ODER
Grosse Portion
5
CHF
1,2 ODER 3 SORTEN
ODER

Alles Jumi, oder was?

12 *Wo es den besten Käse gibt*

Fällt der Name Jumi, verdrehen Käsekenner sofort verzückt die Augen, Auswärtige haben zu Recht ein Fragezeichen im Gesicht. Ihnen werde geholfen: Jumi, das sind Jürg Wyss und Mike Glauser, zwei junge Unternehmer aus dem Emmental. Wer jetzt schlau kombiniert und Jumi mit löchrigem Emmentaler gleichsetzt, liegt falsch. Jumi, das ist zwar auch Emmentaler, aber eben nicht nur. Bei Weitem nicht. Am deutlichsten zeigt sich dies beim Gang über den Wochenmarkt, den Märit. Am Käsestand von Jumi in der Münstergasse ist jeden Samstag Hochbetrieb. Käsespezialitäten mit Namen wie „Blaus Hirni – blaues Hirn", „Miuchgsicht – Milchgesicht" oder AGABi, was so viel heißt wie „All Goats Are Beautiful", wandern in die Einkaufstaschen. Besonders beliebt ist die Belper Knolle, eine Frischkäsekugel mit Salz und Knoblauch, umhüllt von Pfeffer. Es gibt sie alt und jung, sprich: weich oder steinhart, zum Aufs-Brot-Streichen oder gehobelt wie eine Trüffel.

All der Käse von Jumi wird beim Bauern oder in kleinen Käsereien in der Umgebung von Bern hergestellt. Im Dorf Boll, wo Jumi zu Hause ist, wird der Käse gepflegt und verfeinert. Das Team investiert viel Zeit und Energie in die Produkte. Die Arbeit soll Spaß machen, ein Credo, das auch auf dem Markt spürbar ist. Trotz des Großandrangs wird jeder Kunde in aller Ruhe freundlich bedient und kompetent beraten. Es darf auch mal probiert werden.

TIPP Eine Belper Knolle samt passendem Hobel eignet sich perfekt als Mitbringsel.

Bei Jumi gibt es nicht nur Käse-, sondern auch Fleischprodukte, allesamt vom Piemonteser Omoso Rind. Die Trockenfleisch-Spezialitäten „Heilige Peschä – heiliger Peter" oder „Düre bi rot", was frei übersetzt etwa „durchgeknallt" heißt, stehen den Käsespezialitäten in nichts nach und finden ebenso reißenden Absatz. Von den Hacktätschli, den Frikadellen, heißt es gar, sie seien die besten der Welt. Sämtliche Produkte von Jumi gibt es nur auf dem Berner Wochenmarkt und in erlesenen Fachgeschäften zu kaufen.

Jumi Münstergass-Märit, Münstergasse, 3011 Bern, Tel. +41 (0) 31 721 82 91
www.jumi.lu

ÖPNV: Tram 9, Haltestelle Zytglogge, Bus 12, Haltestelle Rathaus

BOCK
BLOCK
SENIOR
BLAU'S
HIRN!
TOM'S
ICKE
kg 40.-

Nahkunst statt Gottesdienst

13 *La Cappella, der Fixstern in Berns Kulturleben*

Was von außen aussieht wie eine Kirche, ist in Wahrheit ein Kleinkunst-Theater. Das war nicht immer so. Denn tatsächlich wurde in dem Gebäude, das mitten im beliebten Breitenrainquartier steht, vor vielen Jahren gebetet und gepredigt. Dort, wo heute gelacht und geklatscht wird, versammelten sich Methodisten zum Gottesdienst. 1998 war Schluss damit. Seither ist die Kirche kein Gotteshaus mehr, sondern „La Cappella", eine der etabliertesten Adressen des Berner Kulturlebens. Das Gebäude ist für Konzerte und Theateraufführungen prädestiniert. An der ursprünglichen Bausubstanz wurde nur wenig verändert. Ohne Verstärkung dringen Worte und Klänge bis in den hintersten Winkel des Theaters. Zwar hat das Göttliche Auszug gehalten, trotzdem hat die Cappella noch immer etwas Sakrales. Manche Besucher verstummen beim Betreten des Gebäudes, werden gar andächtig. Damit ist es spätestens dann vorbei, wenn die Lichter im Saal aus- und die Scheinwerfer angehen. Dann kommt Stimmung auf. Oft wird es sogar richtig laut im Publikum, je nachdem, was auf der Bühne abgeht. Das Spektrum ist groß: Kabarett und Chanson gehören genauso ins Programm wie klassische Musik oder Literatur. Nebst bekannten Namen sind auch immer wieder junge, noch unbekannte Talente zu sehen. Sie alle bieten Hervorragendes. Und genau deshalb spricht man in der Cappella nicht gerne von Kleinkunst, sondern viel lieber von Nahkunst. Das heißt: geringe Distanz zwischen Bühne und Publikum, zwischen Erwartung und Erfüllung. In der Cappella ist man den Künstlern ganz nah. Die Atmosphäre ist intim. Die Stimmung ist abhängig von der Energie zwischen Bühne und Zuschauerraum. Kein Besuch ist gleich, man weiß nie genau, was der Abend bringt. Die Cappella vermag immer wieder aufs Neue zu überraschen. Es erstaunt daher nicht, dass die Burgergemeinde Bern sie mit dem Kulturpreis ausgezeichnet hat. Es hieß, den Verantwortlichen sei es gelungen, aus einer verlassenen Methodistenkappelle einen Fixstern im Berner Kulturleben zu schaffen.

La Cappella, Allmendstraße 24, 3014 Bern, Tel. +41 (0) 31 332 80 22
www.la-capella.ch
ÖPNV: Tram 9, Haltestelle Spitalacker, Bus 20, Haltestelle Wyleregg

Magisches Wasser

14 *Der Glasbrunnen im Bremgartenwald*

In einer Lichtung im Bremgartenwald vor den Toren Berns steht ein sagenumworbener, geheimnisvoller Brunnen. Wie viele andere Brunnen auch ist er ganz und gar aus Stein. In einem dicken Strahl strömt das Wasser aus einer eingelassenen eisernen Röhre in das große Steinbecken. Weshalb der Brunnen trotzdem Glasbrunnen heißt, weiß niemand genau. Es ranken sich zahlreiche Geschichten um den Brunnen. Eine erzählt von einer hübschen Jungfrau. Sie wohnte in einem Schloss im Bremgartenwald, war selbstverliebt und eitel und ließ sich von vielen jungen Männern den Hof machen. Einer der Jünglinge, der sich in die Jungfrau verliebt hatte, versprach seiner Herzdame, ihr sämtliche Wünsche zu erfüllen. Der junge Mann wusste, dass er auf die Hilfe seiner Mutter zählen konnte. Sie war eine Fee. Als sich die Jungfrau also einen Brunnen aus glasklaren Edelsteinen wünschte, zauberte die Fee einen funkelnden Brunnen mitten im Wald. Die Jungfrau war entzückt und wünschte sich gleich einen blühenden Garten um den Brunnen. Auch den bekam sie. Erst als sie ein noch schöneres Schloss wollte, als sie ohnehin schon hatte, wurde es der Fee zu bunt. Wütend verwünschte sie die eitle Braut ihres Sohnes und ließ all die schönen Dinge wieder verschwinden – bis auf den Brunnen. An diesem saß die Jungfrau nun jeden Abend und wartete auf ihren Liebsten. Doch der blieb fortan fern.
Auch wenn diese Geschichte wohl ganz und gar erfunden ist, der Glasbrunnen ist ein magischer Ort, der viele Menschen in seinen Bann zu ziehen vermag. Manche schreiben seinem klaren Wasser gar heilende Kräfte zu. Bewiesen wurde zwar nur die gute Qualität des Wassers und nicht etwa seine heilende Wirkung, trotzdem füllen Menschen aus der ganzen Region Bern hier ihre Flaschen ab. Sie sind davon überzeugt, dass das Wasser ihr Wohlbefinden steigert. Es schadet also ganz bestimmt nicht, ein paar Schlucke zu trinken.

Glasbrunnen, Halenstraße 8, 3012 Bern
www.glasbrunnen.ch
ÖPNV: Bus 20, Haltestelle Länggasse, anschließend 20 Minuten zu Fuß

Herein in die gute Stube

15 *Im Landhaus by Albert & Frida*

Oft sind es die kleinen Dinge, die glücklich machen. Mehr als eine große Tasse Milchkaffee und ein Stück selbst gebackenen Kuchen braucht es dazu nicht. Beides gibt es im Landhaus by Albert & Frida unten am Klösterlistutz, in der Nähe des Bärenparks. In der Café-Bar geht es gemütlich zu. Die Uhren scheinen hier unten im mehr als 100-jährigen, denkmalgeschützten Haus ein wenig anders zu ticken. Langsamer. Ganz so, wie es sich für Bern gehört. Schließlich ist es mehr als ein Klischee, dass die Berner etwas langsamer sind als der Rest der Schweiz, zumindest in Sachen Sprechen und Gehen. Das haben verschiedene Studien ans Licht gebracht. Berner sagen pro Minute vier bis fünf Sätze weniger als Zürcher und auch zu Fuß sind sie weniger zügig unterwegs. „Nume nid gsprängt" ist das Motto. Nur keine Eile. Dies gilt auch im Landhaus. Dort darf man sich getrost Zeit lassen für den Kaffee. Gemach, gemach! Der Platz muss nicht sofort geräumt werden, kaum ist die Tasse leer. Es wäre auch jammerschade, gleich wieder aufzuspringen. An den Holztischen lässt es sich gut verweilen. Die Atmosphäre ist familiär, freundlich und entspannt. Gerne bleibt man sitzen, um in Ruhe Zeitung zu lesen, um Postkarten oder Tagebuch zu schreiben oder um sich ein wenig vom Sightseeing auszuruhen. Bei schönem Wetter auch gerne draußen auf der Terrasse unter den großen weißen Sonnenschirmen.

TIPP

Das Landhaus ist auch ein Hotel, mit Einzel-, Doppel- und Mehrbettzimmern.

Die Gäste sind bunt zusammengewürfelt, kommen in Gruppen oder alleine. Alle sind willkommen und werden gut gelaunt begrüßt. Hier bleibt Zeit genug für ein paar freundliche Worte. Hinter Albert & Frida stecken Patrick und Angela Stadelmann. Sie führen das Landhaus mit viel Engagement und Herzblut. Sie sind liebenswürdige und authentische Gastgeber mit einem tollen Team im Rücken. Alle tun sie jeden Tag ihr Bestes, damit sich die Gäste der Langsamkeit und der Gemütlichkeit hingeben können.

Landhaus by Albert & Frida, Altenbergstraße 4, 3013 Bern, Tel. +41 (0) 31 348 03 05
https://albertfrida.ch
ÖPNV: Bus 12, Haltestelle Bärenpark

Menu 15.-

In freudiger Erwartung

16 *Treffpunkt Loebegge*

Wer am Loebegge steht, hat mit größter Wahrscheinlichkeit eine Verabredung. Vielleicht mit der besten Freundin, dem Liebsten, der Mutter oder einem flüchtigen Bekannten. Seit mehr als 100 Jahren ist der Loebegge der Treffpunkt in Bern. Egge heißt Ecke. Der Loebegge bezeichnet also die Ecke von Loeb, dem Berner Traditionswarenhaus schlechthin. Bereits Ende des 19. Jahrhunderts war Loeb ein Einkaufsparadies. Haushaltswaren, Nähutensilien, Stoffe, Hüte, Schuhe; in den damals drei Stockwerken gab es kaum etwas, das man nicht gefunden hätte. Heute sind es einige Stockwerke mehr. Die Gründerfamilie Loeb gab sich modern, war innovativ, baute aus. 1956 sorgten Loebs mit der Eröffnung der ersten mehrstöckigen Rolltreppe der Stadt Bern für Gesprächsstoff. In den 1970er-Jahren übernahm François Loeb die Geschäftsführung und drückte dem Warenhaus seinen ganz eigenen Stempel auf. Er war es, der die Idee hatte, am Loebegge für die Wartenden ein Telefon ohne Wahltasten zu montieren. War jemand zu spät dran fürs Rendezvous, konnte er dieses Telefon anrufen. Wer am nächsten stand, hob den Hörer ab und rief den Namen der gesuchten Person in die Menge. Ein effektives Mittel, um unnötiges Warten zu verhindern. Natürlich existiert das Telefon heute nicht mehr, Smartphones haben es längst überflüssig gemacht. Als Treffpunkt dient der Loebegge aber noch immer. Alle kennen den Ort. Er ist zentral, unmittelbar beim Bahnhof und auch für Auswärtige nicht zu verfehlen. Zu jeder Tageszeit stehen Menschen in freudiger Erwartung vor dem Warenhaus. Gespannt schauen sie auf die ankommenden Trams und Busse, halten Ausschau nach ihrem Date. Glück ist an diesem Ort sichtbar. Es zeigt sich in lächelnden Gesichtern, festen Umarmungen oder einem warmen Händedruck, wenn zwei sich gefunden haben. Bern ohne Loebegge und damit auch ohne Loeb wäre schlicht undenkbar. Das Warenhaus gehört genauso zur Stadt wie der Zeitglockenturm.

TIPP Einen Blick in die Schaufenster von Loeb werfen. Die haben den Ruf, besonders kreativ zu sein.

Warenhaus Loeb, Spitalgasse 47–51, 3001 Bern, Tel. +41 (0) 31 320 71 11
www.loeb.ch

ÖPNV: sämtliche öffentliche Verkehrsmittel, Haltestelle Bahnhof

LOEB
804
LOEB

Von der Burg zur Barockperle

17 *Das Schloss Jegenstorf vor den Toren Berns*

Gar nicht weit von Bern entfernt, in der Gemeinde Jegenstorf, befindet sich das Schloss Jegenstorf. Es ist eine wahre Barockperle inmitten einer idyllischen Parklandschaft. Entstanden ist die Anlage 1720. Damals kaufte Reichsgraf Albert Friedrich von Erlach die Herrschaft Jegenstorf. Er ließ die mittelalterliche Wasserburg vor Ort zu einer eleganten Sommerresidenz nach französischem Vorbild umbauen. 1798 fielen die Franzosen in Jegenstorf ein. Dass das Schloss nicht verwüstet wurde, war angeblich dem gut gefüllten Weinkeller zu verdanken.

Im Oktober 1944 verlegte der Oberbefehlshaber der Schweizer Armee, General Guisan, den Kommandoposten ins Schloss Jegenstorf. Guisan arbeitete nicht nur im Schloss, er wohnte auch dort. Er, der als Symbol des Widerstands galt, suchte in Jegenstorf die Nähe zur Bevölkerung. Er ging oft ins Dorf, unterhielt sich mit den Leuten und kaufte im Dorfladen seine Zigarren.

Jahre später sorgte ein anderer hoher Besuch für Aufregung. Der äthiopische Kaiser Haile Selassie residierte 1954 im Schloss Jegenstorf. Vier Tage waren genug, um einen bleibenden Eindruck zu hinterlassen. Sogar nachdem der Kaiser wieder abgereist war, besuchten Tausende Neugierige das Schloss, um einen Blick in das Badezimmer zu werfen, das eigens für Selassie eingebaut worden war.

Heute ist im Innern des Schlosses die beeindruckende Einrichtung der Stilepochen Barock, Rokoko und Klassizismus zu sehen. Außerdem befindet sich unter den Dächern des Schlosses die umfangreichste Sammlung barocker Kachelöfen aus der ganzen Schweiz.

Rund um das Schloss lädt die großzügige Gartenanlage zum Flanieren und Verweilen ein. Im alten Waschhaus, wo das Schloss-Café untergebracht ist, wird der schlosseigene Apfelschaumwein ausgeschenkt. Das spritzige Getränk ist ein Geheimtipp. Es ist erfrischend und feinperlig. Bestimmt hätten auch General Guisan und Kaiser Selassie ein Gläschen oder zwei nicht verschmäht.

Schloss Jegenstorf, General-Guisanstraße 5, 3303 Jegenstorf, Tel. +41 (0) 31 761 01 59
www.schloss-jegenstorf.ch

ÖPNV: Regionalverkehr Bern Solothurn RBS S8, Haltestelle Jegenstorf

Stairway to Heaven

18 *Hoch hinauf auf den Münsterturm*

Zugegeben, ein klein wenig anstrengen muss man sich schon, um in den Genuss dieses Glücksorts zu kommen. Es geht hoch hinauf auf den Münsterturm. 222 Stufen gilt es allein bis zur ersten Galerie zu bewältigen. Zur Belohnung wartet eine grandiose Aussicht, obwohl man noch nicht ganz oben ist. Doch bereits hier, auf 46 Metern Höhe, ist der Ausblick auf die Dächer der Berner Altstadt und auf den Zeitglockenturm beeindruckend. Dieser Bereich des Münsterturms wurde zwischen 1481 und 1588 erbaut, ist also spätgotisch. Hier hielten die Turmwächter im Mittelalter nach Feuer Ausschau und schlugen im Notfall Alarm mit den Feuerglocken. Gab es in den Gassen einen Tumult, sorgten sie dafür, dass wieder Ruhe einkehrte. Wächter gibt es in heute in luftiger Höhe keine mehr, aber eine Turmwartin, die gerne Fragen von Besuchern beantwortet. Auch jene, wie viele Stufen es denn noch zu erklimmen gibt bis zur zweiten Galerie. 90 sind es, kein Zuckerschlecken also. Dieser Turmabschnitt wurde von 1889 bis 1893 im neugotischen Stil gebaut. Ist man oben, auf 64 Metern Höhe, fühlt man sich dem Himmel plötzlich nah. Bei schönem Wetter reicht der Blick auf der einen Seite bis zu den Berner Alpen mit Eiger, Mönch und Jungfrau. Auf der anderen Seite sieht man die Juraketten. Die Gassen und Altstadthäuser sind weit weg, Fußgänger nur noch kleine Punkte. Auf Augenhöhe sind hier oben einzig die Alpen- und Mauersegler, die in waghalsigen Manövern nach Insekten jagen. Der Turm des Berner Münsters ist mit seinen gut 100 Metern der höchste Kirchturm der Schweiz. Jedes Jahr steigen etwa 70.000 Leute hoch und genießen die Aussicht. Beim Abstieg sollte man einen Blick auf die sieben Glocken werfen. Die größte ist Susanna. Sie bringt etwa zehn Tonnen auf die Waage und hat einen Durchmesser von zweieinhalb Metern. Ihren Namen erhielt sie übrigens von einem Glöckner. Sie erinnerte ihn an seine gewichtige Gemahlin. Achtung: Wenn die Glocken schlagen, ist's richtig laut!

TIPP Für den Aufstieg braucht es eine gute Konstitution. Wer Höhenangst hat, sollte unten bleiben.

Berner Münster, Münsterplatz 1, 3011 Bern, Tel. +41 (0) 31 312 04 62
www.bernermuenster.ch
ÖPNV: Bus 12, Haltestelle Rathaus

Nur die Liebe zählt

19 *Treueschwüre auf dem Schönausteg*

Irgendwann haben Liebesschlösser weltweit einen Triumphzug angetreten. Kaum eine Stadt, in der Verliebte nicht irgendwo ein Schloss als Symbol ihrer ewigen Liebe befestigen. In Bern hängen Paare ihre Liebesschlösser an den Schönausteg. Den Schlüssel werfen sie in die Aare. Wer es ihnen gleichtun will: Die Schlösser müssen am Maschendrahtzaun montiert werden, sonst knipst sie die Stadt ab. Denn auch wenn alte Liebe nicht rosten mag, die Schlösser tun es. Sind sie am falschen Ort aufgehängt, greifen sie die Konstruktion der Brücke an.

Das wäre jammerschade. Die Konstruktion der Kettenbrücke ist hübsch und nicht alltäglich. 1906 wurde der Schönausteg gebaut und verbindet seither das Sandrain- mit dem Kirchenfeldquartier. Weil eine Kettenbrücke nichts anderes ist als die spezielle Form einer Hängebrücke, gerät der Schönausteg schnell einmal in Bewegung. Natürlich schaukelt die Brücke nicht stark hin und her, aber sie schwingt ein wenig, wenn man sie zu Fuß überquert. Vor allem wenn Jogger im Gleichschritt über den Steg laufen, gerät er gehörig ins Wanken. Vor Jahren kam es gar so weit, dass ein Hobby-Seismologe deswegen merkwürdige Schwingungen mit seiner privaten Erdbeben-Messstation aufzeichnete. Er alarmierte die Stadt, diese sperrte den Steg und ließ ihn untersuchen. Nach mehreren Tagen, an denen gemessen und analysiert wurde, gab es Entwarnung: Die 55 Meter lange Brücke über die Aare ist sicher.

Im Sommer ist am Schönausteg einiges los. Aareschwimmerinnen und -schwimmer springen von der etwa zwei Meter hohen Brücke hinunter in den Fluss. Fußgänger schauen zu, Radfahrer schieben ihren Drahtesel vorbei. Im Winter, wenn der Trubel vorüber ist, hüllt sich der Steg nicht selten in geheimnisvolle Nebelschwaden. Es scheint, als ruhe sich die Brücke von den Strapazen des Sommers aus. Nur ab und zu erzittert sie ein wenig, wenn jemand schnellen Schrittes über sie geht.

Schönausteg, 3007 Bern
ÖPNV: Bus 19, Haltestelle Ka-We-De

Süß oder salzig

20 *Frühstück im Wartsaal Kaffee*

Zwar geht es hier hauptsächlich ums Frühstück, trotzdem können auch Langschläfer getrost weiterlesen. Im Wartsaal Kaffee im Lorrainequartier wird die erste Mahlzeit des Tages bis am späten Nachmittag serviert, eine Seltenheit. In Bern ist es nämlich nicht ganz einfach, einen Ort zu finden, wo unter der Woche ein umfangreiches Frühstück auf den Tisch kommt. Der Wartsaal ist eine der wenigen löblichen Ausnahmen. Für Eilige gibt's das Frühstück namens „Im Stress“ mit Croissant, Brot, Butter und Konfitüre. Wer mehr Zeit oder Appetit mitbringt, bestellt am besten die süße oder salzige Variante von „Zug verpasst“ oder gleich den Brunch „Keinen Termin“. Auch Vegetarierinnen und Veganer werden glücklich: Im Wartsaal muss nicht unbedingt Wurst oder Käse aufs Brot, es gibt leckere Alternativen.

Am gemütlichsten ist es im hinteren Teil des Wartsaals. Dort, auf der Sitzbank am Rande des Geschehens, lässt sich das Treiben im kleinen und feinen Lokal ganz wunderbar beobachten. An den Tischen tauschen Freundinnen lachend Neuigkeiten aus, Geschäftsleute schauen konzentriert aufs Handy, Mütter und Väter schälen ihre Sprösslinge aus den Kinderwagen, ein älterer Herr liest Zeitung, und Schüler der nahen Berufsschule gönnen sich eine Pause vom Lernen. Das Wartsaal Kaffee, welches das Wohnzimmer des Quartiers sein will, ist immer gut besucht. Und tatsächlich wähnt man sich in seinem Möbelmix aus den 1960er- und 1970er-Jahren zu Hause bei Freunden. Die Atmosphäre ist herzlich, locker und ungezwungen. Durch die großen Fenster lässt sich auch das Geschehen draußen, an den Tischchen im überwachsenen Innenhof und auf der Straße bestens verfolgen. Langweilig wird es bestimmt nicht. In der Lorraine ist immer etwas los. Es ist ein lebendiges, kreatives Quartier mit dörflichem, ein wenig alternativem Charakter. Entsprechend bunt zusammengewürfelt sind die Menschen, die hier wohnen. Viele sind kreative Köpfe, Künstler, Musiker. Niemand lässt sich hier in eine Schublade stecken. Im Wartsaal sind alle willkommen.

TIPP Immer am letzten Donnerstag des Monats findet im Wartsaal ein Musikquiz statt. Ein besonderer Spaß!

Wartsaal, Lorrainestraße 15, 3013 Bern, Tel. +41 (0) 31 331 02 28
www.wartsaal-kaffee.ch
ÖPNV: Bus 20, Haltestelle Gewerbeschule oder Lorraine

ab
war
ten
saal

Neuer Glanz im alten Haus

21 *Bühne frei im Konzert Theater Bern*

In diesem Haus spielen sich Dramen ab, Tragödien und Liebesgeschichten. Paare lassen ihrem Herzschmerz ganz ungehemmt vor aller Augen freien Lauf. Ohne Skrupel werden Nebenbuhler aus dem Weg geschafft. Manch einer geht ganz naiv einem Betrüger auf den Leim oder wird Opfer einer Intrige. Das Konzert Theater Bern vereint die Sparten Schauspiel, Oper und Tanz unter einem Dach. Musikalische Unterstützung gibt es vom Berner Symphonie Orchester. Das Konzert Theater Bern wurde an seinem jetzigen Platz neben dem Kornhaus im Jahr 1903 errichtet und mit Richard Wagners Oper Tannhäuser eröffnet. Damals gab es 940 Sitz- und 160 Stehplätze. Heute sind es der Beinfreiheit zuliebe noch rund 650 Sitz- und knapp drei Dutzend Stehplätze. Das Konzert Theater garantiert Gänsehautmomente. Es ist ein ganz wunderbarer Ort, um in eine andere Welt fernab des eigenen Alltags einzutauchen.

Seit der letzten Sanierung vor ein paar Jahren ist die Akustik top und die Bühnentechnik dank 80 Kilometer neu verlegter Kabel auf dem modernsten Stand. Mozart klingt genauso gut wie Bernstein. Leise Töne dringen bis in die hintersten Reihen.

TIPP Zusätzliche Spielplätze bieten die Vidmarhallen mit ihren drei Bühnen am Rande der Stadt.

Auch optisch macht das Konzert Theater Bern einiges her. Trotz Sanierung hat es glücklicherweise nichts von seinem Charme aus früheren Jahren verloren. Der Denkmalpflege sei Dank! Nach dem Gang durch die hölzernen Eingangstüren zeigt sich: Es ist hell, aber nicht zu modern. Im Erdgeschoss erstrahlen die Wände im blauen Kleid. Im ersten Rang sind sie dunkelgrün, im zweiten grau und hoch oben im dritten Rang bordeauxrot. Im Theatersaal wurden die Goldverzierungen und das Deckengemälde aufgefrischt. Die Stühle sind rot bezogen, schlicht und wagnertauglich, also stundenlang bequem.

Pro Spielzeit gehen im Konzert Theater Bern mehr als 300 Vorstellungen über die Bühne: Opern, Operetten, Musicals und Tanz sowie Schauspiel. Neben Klassikern werden auch immer wieder Ur- und Erstaufführungen gezeigt, mit Herzschmerz, lästigen Nebenbuhlern und Intrigen.

Konzert Theater Bern, Kornhausplatz 20, 3011 Bern, Tel. +41 (0) 31 329 52 52
www.konzerttheaterbern.ch

ÖPNV: Tram 6, 7, 8, 9 und Bus 10, 12, 19, 30, Haltestelle Zytglogge

Turnen am Fluss

22 *Der BärnParcours Altenberg*

„Sport ist Mord", finden die einen. Andere sind erst richtig glücklich, wenn sie sich bewegen und auspowern können, auch auf Reisen. Am einfachsten ist es in der Fremde, die Joggingschuhe für eine Runde in unbekannten Gefilden zu schnüren. Das geht auch in Bern ganz einfach. Besonders schön ist es entlang der Aare. Am besten startet man das Workout beim Altenbergsteg unterhalb der Kornhausbrücke. Dort beginnt der sogenannte BärnParcours. Das ist eine Laufstrecke, die in regelmäßigen Abständen von verschiedenen Stationen gesäumt ist. An diesen wird Kraft und Beweglichkeit trainiert. Etwa indem man über Holzböcke springt, Rumpfbeugen und Liegestützen absolviert oder im Zickzack um Pfosten rennt. Dieses Ganzkörper-Workout ist kostenlos, die frische Luft und der Blick auf die grünblaue Aare sind inklusive. Der Wind streicht durch die Haare, die Sonne wärmt die Haut. Die Vögel zwitschern, es duftet nach Gras und Laub. Die Luft ist frisch und belebt. Weder Autos noch Busse fahren vorbei, einzig andere Jogger und Spaziergänger kreuzen den Weg. Herrlich.

TIPP Sport macht hungrig. Leckere Happen gibt es im Restaurant Altenberg (Uferweg 4).

Die Stationen sind alle mit Trainingsanleitungen ausgestattet. Natürlich sind der eigenen Fantasie keine Grenzen gesetzt. Wer lieber auf als über die Holzböcke springt, bitte sehr. Hauptsache es macht Spaß. Die Übungen lassen sich auch wunderbar in einen Spaziergang einbauen, ganz ohne Sportkleidung. Der Weg folgt immer der Aare. Zuerst flussabwärts bis zum Felsenausteg. Dort geht es auf die andere Seite des Flusses. Nun führt die Strecke flussaufwärts zurück. Hier knirscht Kies unter den Füßen, bald schon kommt der Blutturm in Sicht, ein Überbleibsel von Berns Stadtbefestigung. Der Blick wandert zur Kornhausbrücke. Jetzt ist es nicht mehr weit. Zurück beim Altenbergsteg liegen gut vier Kilometer und 15 Posten hinter einem. Respekt! Man wird feststellen: Die Bewegung im Freien hat gutgetan, alle Sinne wurden angeregt, Glückshormone ausgeschüttet.

BärnParcours, Altenbergstraße, 3013 Bern
www.sportamt-bern.ch/sportanlage/baernparcours_altenberg
ÖPNV: Tram 9, Haltestelle Kursaal

Verpackung braucht's nicht

23 *Nachhaltiger Einkauf bei Palette*

Nachhaltig leben kann wirklich einfach sein. Das beweist ein Besuch bei Palette – Unverpackt Einkaufen. In dem kleinen Laden an der Münstergasse gibt es keine Plastik- oder Kartonverpackungen. Wer bei Palette einkauft, bringt sein Gefäß selber mit und füllt es mit dem gewünschten Produkt. Das fühlt sich gut an, hier kann man im Kleinen aktiv etwas für die Umwelt tun. Der Gang zu Palette lohnt sich auch nur für einen gesunden Snack für unterwegs. Zum Stadtbummel passen gut kleine Energiebomben wie eine Handvoll Nüsse oder ein paar Trockenfrüchte. Man muss den Laden einfach gesehen haben. An der Wand hängen mit Getreide und Hülsenfrüchten gefüllte Rohrbehälter. Aus dem Zapfhahn rieselt dann die gewünschte Menge in das Gefäß. In der Mitte des Ladens stehen große, schmucke Vorratsgläser mit Cornflakes, Müesli und Teigwaren. Tee und Kaffee dürfen natürlich nicht fehlen. Produkte aus dem Non-Food-Bereich gibt es auch: Küchenutensilien, Hygiene- und Kosmetikprodukte sowie Putz- und Waschmittel. Gegründet wurde Palette von vier jungen Leuten, welche die Nase voll hatten, vom Verpackungswahnsinn. Sie wollten einen Beitrag für eine nachhaltigere Gesellschaft leisten, nahmen allen Mut zusammen und eröffneten 2017 mit Palette den ersten Unverpackt-Laden in Bern.

TIPP Am Samstag lässt sich ein Besuch bei Palette gut mit einem Gang über den Wochenmarkt kombinieren.

Die Waren stammen mehrheitlich von lokalen Produzenten, von Biobauernhöfen und Kleinbetrieben. Aufwendige Transportwege fallen weg, und die lokale Wirtschaft wird gestärkt. In Palette steckt viel guter Wille. Anfangs gab es für die Arbeit nur einen symbolischen Lohn. Unterdessen kaufen immer mehr Leute bei Palette ein. Das Interesse am Konzept „Zero Waste", also am Leben ohne Abfall, steigt stetig. Entsprechend umfangreicher wird das Sortiment. Die Zukunft scheint gesichert.

Trotzdem ist der Laden mittlerweile genossenschaftlich organisiert. Der Wunsch, einen kleinen Beitrag zur Förderung einer nachhaltigen Wirtschaft zu leisten, ist geblieben.

Palette – Unverpackt Einkaufen, Münstergasse 18, 3011 Bern
www.palette-bern.ch
ÖPNV: Tram 9, Haltestelle Zytglogge, Bus 12, Haltestelle Rathaus

ZWETSCHGEN
BERN
OBEREICHI HOF
6.50/100g

Treffpunkt Sonnenuntergang

24 *Ganz Bern sitzt im Rosengarten*

Da sitzen sie, wie die Hühner auf der Stange, lassen die Beine baumeln; Junge und Alte, Einheimische und Touristen. Sie alle haben sich im Rosengarten versammelt, um den Sonnenuntergang über Bern anzuschauen. Von der breiten Gartenmauer aus lassen sie den Blick über die Dächer der Altstadt, den Berner Hausberg Gurten und die Aare schweifen. Einige halten die Kamera bereit, andere nippen an einem Drink, und wieder andere sitzen einfach da und genießen die Stimmung. Nirgendwo anders als im Rosengarten lässt sich besser beobachten, wie die Sonne am Horizont versinkt. Münster, Nydeggkirche und Bundeshaus erscheinen als schwarze Silhouetten am abendroten Himmel.

Der Rosengarten hoch über der Stadt ist der perfekte Ort, um einen Gang runterzuschalten und den Tag in Ruhe ausklingen zu lassen. Ein Spaziergang durch den kleinen Park lohnt sich aber auch tagsüber. Im Frühling etwa, wenn die japanischen Kirschbäume rosa blühen. Oder im Sommer, wenn sich die rund 250 Rosenarten in ihrer ganzen Pracht zeigen. Dann ist auch die richtige Zeit für ein paar faule Stunden an der Sonne, egal ob am Seerosenteich oder auf einer der großen Rasenflächen. Lauschige Plätze gibt es überall. Die meisten schnappen sich einen der Stühle, die herumstehen, oder breiten eine Decke im Gras aus. Zwischen diesen farbigen Ruheinseln im satten Grün spielen Kinder, Möchtegernartisten üben den Handstand und Touristen schießen Fotos.

TIPP Vom Bärenpark führt ein kurzer, steiler Weg hinauf zum Rosengarten, eine gute Alternative zum Bus.

Der Herbst zeigt sich im Rosengarten farbenfroh und mystisch. Nicht selten wabern morgens Nebelschwaden über der Aare. Die Luft ist klar, das Licht sanft, perfekt fürs Erinnerungsfoto. Auch im Winter hüllt sich der Rosengarten nicht etwa in Schweigen. Schließlich bleibt der Blick hinunter auf die Stadt einmalig. Nun zeigen sich verschneite Altstadtdächer und rauchende Kamine. Die roten Busse sind beinahe die einzigen Farbtupfer. Aufwärmen kann man sich im Restaurant Rosengarten. Dort sorgen Kerzenlicht, Kaminfeuer und Lammfelle für Gemütlichkeit.

- **Rosengarten, 3006 Bern**
- **Restaurant Rosengarten, Alter Aargauerstalden 31b, 3006 Bern, Tel. +41 (0) 31 331 32 06 www.rosengarten.be**
- **ÖPNV: Bus 10, Haltestelle Rosengarten**

Zocken bei Crazy Daisy

25 *The Roaring Twenties im Grand Casino*

Kleine Zeitreise in die 1920er-Jahren gefällig? Dann nichts wie auf ins Crazy Daisy im Kursaal. In der Kitchen Bar im Grand Casino wartet eine kleine, feine Karte mit Speisen und Getränken à la „The Roaring Twenties". Zwischen Roulette und Poker gibt es hier nicht nur leckere Cocktails und Fingerfood, sondern auch Deftiges. Spielen muss niemand, man kann dem Crayz Daisy auch einen Besuch abstatten, ohne sich an einen Spielautomaten zu setzen. Aber natürlich darf man sein Glück versuchen und bei einer Runde Blackjack mitmischen. Vorausgesetzt, man hat die Vernunft nicht vor der Tür gelassen.

Das Crazy Daisy ist das erste Speakeasy-Lokal in Bern. Speakeasy-Lokale werden auch Flüsterkneipen oder Geheimbars genannt. Dem Blick des einfachen Passanten bleiben sie verborgen, Eingeweihte hingegen finden sie leicht. Natürlich muss man das Crazy Daisy nicht suchen, einen Geheimcode, um hineinzukommen braucht es auch nicht. Für den geheimnisvollen Touch sorgt die Geschichte um die sagenumwobene berauschend schöne Margarita Martinez. Die fiktive Barlady und Gangsterbraut aus Kuba machte sich einen Namen als Strippenzieherin für Nachtclubs und Wettbüros. Als Crazy Daisy ging sie in die Geschichte ein. Bis heute wird gemunkelt, dass die Lady im Grand Casino ihre Hände im Spiel hatte und den einen oder anderen Konkurrenten aus dem Weg räumen ließ. Wer mehr über die sagenumwobene Frau in Erfahrung bringen möchte, sollte in ihre Welt eintauchen. In die Welt des Verbotenen und des Glückspiels. Selbstverständlich ganz legal.

Der Kursaal mit dem Grand Casino, einem Hotel sowie mehreren Restaurants und Kongressräumen befindet sich gegenüber der Berner Altstadt. Wer den Weg über die Kornhausbrücke auf sich nimmt, sollte die Terrasse des Kursaals nicht auslassen. Von dort bietet sich ein einmaliger Ausblick hinüber auf die Berner Altstadt.

Kursaal, Grand Casino, Crazy Daisy, Kornhausstraße 3, 3000 Bern 22, Tel. +41 (0) 31 339 54 00
www.crazy-daisy.ch
ÖPNV: Tram 9, Haltestelle Kursaal

26 *Das Wasserspiel auf dem Bundesplatz*

Mal wieder Kind sein. Unbeschwert und sorgenfrei. Keinen Gedanken an die Zukunft oder an die Vergangenheit verschwenden, sondern im Hier und Jetzt leben, den Moment genießen, ausgelassen sein. Was oft so schwierig scheint, wird auf dem Bundesplatz in Bern ganz schnell möglich, 26 Wasserfontänen sei Dank. Sie schießen von Anfang Frühling bis etwa Ende Oktober dort aus dem Boden, wo sonst Staatsempfänge, Kulturveranstaltungen und Kundgebungen stattfinden. Jede Fontäne steht für einen der Schweizer Kantone. Deren politische Vertreter treffen sich viermal pro Jahr im nahen Bundeshaus, wo die Politik des Landes gemacht wird.

Trotz all dieser Ernsthaftigkeit im Hintergrund lässt sich auf dem Bundesplatz unglaublich gut Kind sein, mit einem Tanz in den Wasserfontänen. Dazu muss man einzig und allein alle Hemmungen und Bedenken über Bord werfen. Was ist schon dabei, wenn jemand ein wenig schräg schaut? Nichts. Es wäre wirklich jammerschade, sich den Spaß aus falschen Schamgefühlen zu verbieten. Es ist ein Spiel für Groß und Klein, ein sinnliches Erlebnis. Die Wasserfontänen sprudeln mal schneller und höher, dann wieder langsamer und tiefer. Wo es als Nächstes spritzt, ob nur vereinzelt, mal hier, mal da oder aus allen 26 Düsen gleichzeitig, ist kaum vorauszusehen. Alles ist erlaubt: Kreischen, Lachen, Sich-im-Kreis-Drehen, Rennen und Hüpfen. Inmitten der Fontänen gibt es keine Regeln. Es ist völlig in Ordnung, sich für einen Moment der kollektiven Verrücktheit und Freude auf dem Platz hinzugeben.

TIPP Kindsein geht auch im Winter. Beim Schlittschuhlaufen auf dem Bundesplatz.

Das Wasserspiel ist seit 2004 in Betrieb. Dem Bundesplatz sollte mit einer Umgestaltung mehr Leben eingehaucht werden. Kaum jemand rechnete damals wohl damit, dass die Fontänen einmal für so viel Spaß sorgen könnten. Der Platz hat sich definitiv gemausert: vom früheren tristen Autoparkplatz hin zu einem Treffpunkt für Jung und Alt. Zu einem Ort, wo Kindsein möglich ist.

Bundesplatz, 3011 Bern
www.bundesplatz.ch
ÖPNV: Bus 10, 19, Haltestelle Bundesplatz

CURIA CONFOEDERATIONIS HELVETICAE

Umarmungen auf Papier

27 *Postkarten und mehr bei feines*

Postkartengrüße sind wie Umarmungen auf Papier. Ist das nicht ein wundervoller Gedanke? Er stammt aus der Feder des Teams von feines. Das ist ein Laden, in dem es allerlei Schönes zu kaufen gibt, mehrheitlich aus Papier. Die kreativen Köpfe des Teams sind Michèle und Steffi. Die beiden jungen Frauen sind voller Ideen und kreieren immer wieder Neues. Liebevoll werden Postkarten, Geschenkpapier, Notizblöcke, Stempel, Baumwolltaschen und andere wunderhübsche Dinge bei feines präsentiert. Der aufgeräumte Laden erstreckt sich über zwei Stockwerke, ein wenig versteckt zwischen Markt- und Bundesgasse. Die Pastellfarben dominieren, feines möchte mit seinem Kritzelkram den Alltag verschönern und Freude bereiten. Die Produkte sind so entworfen, dass sie sich individuell weitergestalten lassen. Allerdings sind Karten & Co. auch ohne eigenes Zutun wunderschön. Und von der Masse heben sie sich ohnehin ab.

Das Team von feines legt Wert auf Nachhaltigkeit und ist deshalb als Life-Changer-Firma engagiert. Einen Teil des Umsatzes kommt der Schweizer Entwicklungsorganisation Helvetas zugute. Helvetas setzt sich für die Rechte von armen und benachteiligten Frauen und Männern in Entwicklungs- und Schwellenländern ein. Bei feines ist man überzeugt, dass das Leben ein kostbares und einzigartiges Geschenk ist. Ein Geschenk, das unbedingt geschützt werden muss.

Diese lebensbejahende Haltung zeigt sich durchweg auch in den Produkten. Die Sprüche auf Karten, Notizblöcken und Baumwolltaschen sind ermunternd und positiv. Zu lesen ist beispielsweise „Träume wohnen überall", „you are loved" oder schlicht und einfach „danke". Der Laden ist perfekt, um für sich selbst oder einen lieben Menschen ein Geschenk zu kaufen. Es ist der richtige Ort, um sich auf die kleinen, feinen Dinge zu besinnen. Schönes muss nicht pompös und teuer sein. Freude bereiten kann man auch mit einem Gruß aus der Ferne, mit einer Umarmung auf Papier.

feines, Marktgass-Passage 3, 3011 Bern, Tel. +41 (0) 31 311 10 44
www.feinesleben.ch
ÖPNV: Bus 10, 19, Haltestelle Bundesplatz

wert
voll

Alle Vöglein sind schon da

28 *Chillen im Zehendermätteli*

Für einen Besuch des Zehendermättelis sollte man etwas Zeit mitbringen. Mindestens ein paar Stunden sollten es schon sein, besser noch ein ganzer Vor- oder Nachmittag. Nicht etwa, weil es so viel zu tun gibt in der schönsten Aareschleife von Bern, sondern weil die Zeit unter den Bäumen so schnell verfliegt. Das Zehendermätteli ist ein Sehnsuchtsort für gestresste Städter und Romantiker zugleich. Am besten lässt man sich mit der Fähre von Bremgarten aus über die Aare ins kleine Paradies auf der lauschigen Halbinsel schippern. Das Zehendermätteli ist eine grüne Oase vor den Toren Berns. Gartenrestaurant und Bistro einerseits, Gärtnerei andererseits. Egal weswegen man herkommt, es ist ein Ort zum Träumen. Scheinbar weitab vom Lärm des Alltags ist einzig Vogelgezwitscher zu hören, ab und zu schnattern die Gänse, die Schweine grunzen und die Bienen summen. Am idyllischsten ist es unter der Woche vormittags. Dann gehört der Ort vor allem Ruhesuchenden und Spaziergängern. An den Tischen unter den schattigen Bäumen auf der Terrasse kann man ganz ungestört eine Limonade oder ein feines Mittagessen genießen. Wer mag, kann im Gras eine mitgebrachte Decke ausbreiten, sich hinlegen, in den blauen Himmel schauen und eine Weile tagträumen. An den Wochenenden ist zumindest im Sommer deutlich mehr los, nicht nur wegen des sonntäglichen Brunchs. Viele Familien verbringen die gemeinsame Freizeit auf der großen Spielwiese. Dort hatte im 17. und 18. Jahrhundert der städtische Holzwerkmeister das Sagen. Er residierte im Sommer auf dem damals noch Werkmeistermätteli genannten Stück Land. 1798 gaben die beiden letzten Holzwerkmeister und Namensgeber des heutigen Betriebs ihr Amt ab, Vater und Sohn Zehender. Bald darauf wurde das Holzwerkmeisterhaus zu einer Sommer-Kaffeewirtschaft umgebaut. Nicht bekannt ist, ob das Zehendermätteli schon damals als Naturoase geliebt wurde. Wie auch immer, der Ort versprüht bis heute seinen ganz eigenen Charme, dem nicht nur Städter erliegen.

TIPP Ins Zehendermätteli spazieren. Das dauert entlang der Aare etwa zwei Stunden.

- **Zehendermätteli, Reichenbachstraße 161, 3004 Bern, Tel. +41 (0) 31 301 54 47 www.zehendermaetteli.ch**
- **ÖPNV: Bus 21, Haltestelle Bremgarten Schloss, dann Fährschiff auf die Halbinsel**

UNTERTOR

Blick auf die Liftboys

29 *Eine kleine Auszeit im Bubenbergrain*

Es gibt da eine Bank. Sie liegt ein wenig versteckt im Bubenbergrain. Einem hübschen, eher wenig begangenen, kopfsteingepflasterten Weg, der von der Junkerngasse hinunter ins Matte-Quartier führt. Die Bank steht ungefähr auf halber Strecke. Meist ist sie leer. Nicht viele nehmen sich die Zeit, sich für eine Weile auf ihr niederzulassen. Ein Fehler, denn es gibt einiges zu sehen. Geradeaus fällt der Blick auf den Mattelift. Dieser wird auch Senkeltram genannt und verbindet das Mattequartier mit der Münsterplattform. 32 Meter geht es mit dem Lift hinauf. Immer mit dabei ist ein Liftboy. Allerdings sind diese Boys ziemlich erwachsen. Liftgentlemen wäre die passendere Bezeichnung für die Herren, die das Senkeltram bedienen, das Fahrgeld kassieren und den Gästen helfen. Von der Bank lässt sich wunderbar beobachten, wie der Lift hoch- und runterfährt. Seine Stahlkonstruktion schmiegt sich an die Mauer der Münsterplattform. Zuoberst sitzt das Lifthaus. Verborgen bleibt, wer ein- und aussteigt.
Mit dem Bau des Senkeltrams wurde 1896 begonnen, im Folgejahr wurde der Betrieb des Lifts definitiv aufgenommen. Seither beförderte er über 25 Millionen Menschen hoch und runter. Anfangs für 10 Rappen pro Fahrt, heute für das Vierzehnfache.
Linker Hand lässt sich auf der Bank im Bubenbergrain ein Blick auf die Gärten und Hinterhöfe der Schifflaube erhaschen. Urban gardening at its best! Von Wildwuchs bis zum gepflegten Gemüsebeet ist alles dabei. Von der Bank weg führt der Weg hinunter zur Badgasse. Für den Rückweg hoch in die Stadt bietet sich nun natürlich die Fahrt mit dem Senkeltram an. Eine Alternative ist die Mattentreppe. Fast 200 Stufen führen hoch zur Münsterplattform. Ist eine Verschnaufpause nötig, nutzt man die am besten, um den Blick über die Terrassengärten der Junkerngasse schweifen lassen. Besonders schön ist die Anlage des Erlacherhofs, eine Oase der barocken Gartenkultur. Leider ist der Garten nicht öffentlich zugänglich.

Sitzbank, Bubenbergrain, 3011 Bern
Mattelift, Badgasse, 3011 Bern, Tel. +41 (0) 31 336 69 69
www.mattelift.ch
ÖPNV: Mattelift

Krimskrams à gogo

30 *Schöner leben dank Yamatuti*

Bunt, fröhlich, kitschig. Das ist Yamatuti. Ein Paradies für alle, die ausgefallene Dinge lieben oder auf der Suche nach einem speziellen Mitbringsel sind. Ganz bestimmt wird sich in den vielen Regalen etwas finden. Dass es möglicherweise nicht das ist, wonach man gesucht hat, spielt keine Rolle. So etwas wie Fehlkäufe gibt es im Yamatuti nicht. Denn was kann schon falsch sein an Dingen, die das Leben ein wenig schöner machen? An schwedischen Tellern und Krügen etwa, chinesischen Winkekatzen, allerlei Blechschildern mit schlauen Sprüchen oder an funkelnden Lichterketten? Bestimmt nichts!
Bei Yamatuti fällt das meiste im Angebot in die Kategorie „haben wollen".
Es sind Dinge, bei deren Anblick das Herz einen kleinen Hüpfer macht. Die Qualität stimmt. Ramsch, der kaum gekauft gleich wieder auseinanderfällt, hat bei Yamatuti keinen Platz in den Regalen.
Der Laden ist ein vergnüglicher Ort, eine wahre Wundertüte. Je länger man wühlt, desto mehr kommt zum Vorschein. Man sollte sich Zeit nehmen, zwischen den Regalen auf Entdeckungsreise gehen und sich von all dem Kitsch und Krimskrams inspirieren lassen. Wo würde sich der rosa Deko-Flamingo im eigenen Zuhause besonders gut machen? Vielleicht neben der Bananenstaude im Wohnzimmer? Doch nicht das Richtige? Nur nicht aufgeben, sondern beim weiteren Stöbern das eine oder andere Bijou in die Hand nehmen und nach Raritäten Ausschau halten. Kaum jemand verlässt den Laden mit leeren Händen und schon gar nicht ohne Lächeln auf dem Gesicht. Wer jetzt seufzt und denkt, im eigenen Zuhause stehe bereits genug Kram herum, muss nicht verzagen. Denn wer sagt denn, dass man etwas für sich selber kaufen soll? Schenken macht bekanntlich glücklich. Warum also nicht der Freundin, der Pflanzen gießenden Nachbarin oder der besten Chefin der Welt mit einem bunten Andenken aus Bern eine kleine Freude machen? Das überraschte Strahlen in den Gesichtern der Beschenkten ist unbezahlbar.

Yamatuti, Aarbergergasse 16/18, 3011 Bern, Tel. +41 (0) 31 318 26 56
www.yamatuti.ch
ÖPNV: Bus 12 oder Tram 6, 7, 8, 9, Haltestelle Bärenplatz

Alte Äpfel im jungen Park

31 *Das Brünnengut im Westen Berns*

London hat den Hyde Park, München den Englischen Garten und Wien den Prater. Bern hat das Brünnengut. Zwar lässt sich der Park im Westen der Stadt nicht wirklich mit seinen berühmten Kollegen vergleichen, dafür ist er dann doch zu klein, minder schön ist er aber nicht. Auf 55.000 Quadratmetern bietet die Anlage alles, was das Herz an Grünflächen begehren kann: eine Lindenallee, einen Primelgarten, eine Obstwiese und einen Gemüsegarten sowie einen Fußballplatz. Außerdem thront mitten im Park der Landsitz Brünnen mit dem Brünnenschlösschen, einer französischen Gartenanlage samt Gartenhaus und Pfrundscheune.

In diesem Park können nicht nur die Bewohnerinnen und Bewohner aus Berns dicht besiedeltem Westen aufatmen, abschalten und Kraft tanken, sondern auch Auswärtige. Diese stoßen meist zufällig auf das Brünnengut. Die meisten kommen wegen des nahe gelegenen Einkaufszentrums Westside in die Gegend, oder aber es sind Architekturliebhaber. Ans Brünnengut grenzen nämlich die beiden Überbauungen Tscharnergut und Gäbelbach mit ihren Wohntürmen aus den 1950er- und 1960er-Jahren. Diese Satellitenstadt mit Hochhäusern war damals schweizweit ein Novum.

Das Brünnengut in seiner heutigen Form entstand 2010. Die Anlage basiert auf dem Projekt „Rose de Berne". Dieses Projekt gewann 2006 einen von der Stadt Bern ausgeschriebenen Wettbewerb. Es ging darum, die Fläche rund um den historischen Landsitz umzugestalten. Der Projektname „Rose de Berne" bezieht sich auf die alte Apfelsorte namens „Berner Rose". Diese wächst nun auf der Obstwiese des Brünnenguts, zusammen mit anderen fast verschwundenen Obstsorten. Sind die Äpfel reif, werden sie an öffentlichen Obstpflücktagen unter kundiger Anleitung geerntet. Der Herbstmarkt im Oktober bildet den Abschluss der Garten- und Obstsaison.

Das Brünnengut hat sich zu einer bei Groß und Klein beliebten Parkanlage gemausert. Im Sommer ist es oft rappelvoll. Aber auch im Winter trifft man sich im Park, etwa um richtig tief durchzuatmen.

Brünnengut, Brünnenstraße 10, 3027 Bern, Tel. +41 (0) 31 991 73 79
www.bruennengut.ch
ÖPNV: Tram 8, Haltestelle: Holenacker

Alt, aber kein bisschen müde

32 *Auf der Untertorbrücke brummt das Leben*

Obendrüber oder lieber untendurch? Beides ist möglich, Letzteres allerdings nur im Sommer. Dann lockt die Aare mit erstaunlich angenehmen Temperaturen. Perfekt, um die Untertorbrücke schwimmend von unten zu betrachten. Sightseeing im Fluss nennt sich das. Zu empfehlen ist der Spaß allerdings nur geübten Schwimmern, die Strömung ist nicht ohne. Im Zweifel lieber jemanden der vielen barfüßigen Einheimischen fragen, die in Bikini oder Badehose unterwegs sind. Rein ins Nass geht's am besten am Ende der Wasserwerkgasse im Mattequartier. Raus bei einer der vielen Flusstreppen weiter unten. Wasserdichte Seesäcke für die Kleidung gibt es vielerorts in der Stadt zu kaufen. Die Untertorbrücke ist ein Urgestein. Mehr als 500 Jahre hat sie bereits auf dem Buckel und ist damit Berns älteste Brücke. Jahrhundertelang gab es keinen anderen begeh- und befahrbaren Weg über die Aare in die Stadt. Heutzutage führen viele Wege dorthin. Jener über die Untertorbrücke ist einer der schönsten, vor allem im Sommer, nicht nur wegen der Schwimmer. Wagemutige stürzen sich über das Brückengeländer in die Fluten. Surfer positionieren sich mit ihren Brettern in der Strömung und lassen sich mithilfe eines Bungee-Seils über die Aare katapultieren. Touristen knipsen Selfies, Frischvermählte überlassen das Fotografieren dem Profi. Der wählt als Hintergrund die Nydeggbrücke, die Altstadt, die Felsenburg oder die Flussschlaufe. Die lauschigsten Sitzgelegenheiten, um das bunte Treiben zu beobachten, bietet die Gartenterrasse des Casa Novo unweit der Brücke. Eines der wenigen Restaurants in Bern, das sich direkt an der Aare befindet.

In der kühleren Jahreszeit ist es ruhiger rund um die Untertorbrücke. Die Aareschwimmer haben die Badehose weggepackt, die Surfbretter sind in den Kellern verschwunden. Was bleibt, ist der Gang obendrüber. Ein zu jeder Jahreszeit ganz einfach zauberhafter Weg in die Stadt.

TIPP Schwimmen in der Aare will gelernt sein. Kurse bietet der Verein „Stadtwellen" an. www.stadtwellen.ch

Untertorbrücke, 3011 Bern
Casa Novo, Läuferplatz 6, 3011 Bern, Tel. +41 (0) 31 992 44 44, www.casa-novo.ch
ÖPNV: Bus 12, Haltestelle Bärengraben

Vogelkonzert inklusive

33 *Der Botanische Garten an der Aare*

Wer träumt nicht von einem eigenen Garten? Einem kleinen grünen Paradies mit bunten Blumen, selbst gezogenem Gemüse und einem knorrigen Apfelbaum? Nun, leider sind solche Gärten rar, zumindest in Bern. Glücklicherweise gibt es für Gartenlose, Ruhesuchende und Pflanzenliebhaberinnen den Botanischen Garten. Nicht weit vom Bahnhof entfernt steht er allen offen, jäten tun andere, gießen auch. Seit 1860 ist der Botanische Garten der Universität Bern die Oase inmitten der Stadt. 5500 verschiedene Pflanzenarten aus aller Welt gedeihen dort, oberhalb der Aare, im Freiland oder in einem der sechs Schauhäuser. Der Weg führt von den Alpen mit Edelweiß und Enzian übers Mittelmeergebiet bis hin zu kargen Steppen und üppigen Urwäldern. Der Botanische Garten zeigt Pflanzen in ihrer ganzen Vielfalt und vermittelt ihre große Bedeutung für den Menschen. Wer sich Zeit nimmt und still verweilt, hört und sieht zahlreiche Tiere. Für Vögel ist die Anlage ein Schlaraffenland; der Tisch ist gedeckt mit Früchten, Samen und Insekten. Hoch oben in den Bäumen ist genügend Platz, um den Nachwuchs großzuziehen. Ab und zu schaut ein Eichhörnchen vorbei. In den Tümpeln und Teichen quaken Frösche und Kröten, an den Hängen sonnen sich Blindschleichen und Eidechsen.

Der Botanische Garten ist in über 60 Bereiche eingeteilt, zu jeder Jahreszeit gibt es etwas zu entdecken. Natürlich gibt es einen Gartenplan, mit dessen Hilfe man sich orientieren kann. Besser aber, man lässt sich treiben. Schönes gibt es an jeder Ecke, geschützte Plätze, wo man sich hinsetzten kann, ebenfalls. Zum gemütlichen Verweilen lädt auch das Café Fleuri ein. An sonnigen Tagen setzt man sich dort am besten draußen hin und lässt den Blick über die Aare schweifen. Bei Regenwetter bietet das Sukkulentenhaus ein Dach über dem Kopf, exotisches Ambiente inklusive. Dort, im Trockenen, lässt es sich wunderbar träumen, zum Beispiel vom eigenen Garten.

Botanischer Garten der Universität Bern, Altenbergrain 21, 3013 Bern, Tel. +41 (0) 31 631 49 45
www.boga.unibe.ch
ÖPNV: Bus 20, Haltestelle Gewerbeschule

Sehnsucht nach Bullerbü

34 *Wunderbare Bullar in der Caffè Bar Sattler*

Zweifellos ist die Caffè Bar Sattler im Länggassquartier ein Kleinod. Ganz treffend ist auf der Webseite von dolce far niente die Rede, von einem Treff- und Ruhepunkt sowie einem Dreh- und Angelpunkt. Der Sattler ist ein Stück Heimat im Alltag. Und: Im Sattler gibt es die himmlischen Bullar von Noomi Bauer, der wohl schwedischsten Nicht-Schwedin der Schweiz. Bullar – das sind Hefeteigschnecken oder -knoten. Die von Noomi sind die besten. Kein Wunder, es steckt viel Liebe drin, Schwedenliebe. Für Noomi bedeutet Schweden nämlich Glück pur. Das Land ist ihr Paradies, wo sie Kraft tanken und sich von den dortigen Backkünsten inspirieren lassen kann. Im Kindesalter verschlang sie die Geschichten von Astrid Lindgren und träumte von einem Leben in der Krachmacherstraße oder in Bullerbü. Als 24-Jährige packte Noomi schließlich ihre Koffer und zog für eine Weile nach Stockholm. Dort tauchte sie ein in die skandinavische Welt von Hygge und Lagom, büffelte Schwedisch und lernte die Fika, die Kaffeepause, samt Bullar schätzen. Zurück in Bern gründete sie bald ihr Einfrau-Unternehmen „Underbara Bullar". Das heißt: „Wunderbare Bullar". Nun steht Noomi jeden Montag in der Backstube und zaubert Hefeknoten in allen möglichen Variationen. Traditionelle Kanelbullar mit Zimtfüllung, solche mit Kardamom, mit Vanille, Safran oder Schokolade. Je nach Saison gibt's auch mal Kürbis- oder Beerenbullar und zur Abwechslung salzige mit Lachs und Ricotta. Noomi kreiert gerne Neues und schafft es immer wieder, ihre Kunden zu überraschen. Ihre Bullar liefert sie ganz umweltfreundlich mit dem Fahrrad aus. Mittlerweile beliefert sie um die zehn Lokale in der ganzen Stadt Bern mit ihrem Gebäck. In der Caffè Bar Sattler gibt es ihre Bullar jeweils donnerstags, freitags und samstags. Nicht nur für all jene, die sich nach einem kleinen Stück Schweden sehnen, sondern für alle, die sich einfach ein wenig Glück zum Reinbeißen wünschen.

Caffè Bar Sattler, Mittelstraße 15, 3012 Bern, Tel. +41 (0) 31 508 08 65, www.caffebarsattler.ch
Underbara Bullar, Noomi Bauer, Bern, Tel. +41 (0) 78 907 63 77, www.underbarabullar.com
ÖPNV: Bus 12, Haltestelle Mittelstraße

SATTLER
caffe bar
TAPEZIERER

Ausgeschlafen ins Abenteuer

35 *Herrlich schlummern im Hotel Alpenblick*

Wer viel schläft, ist gesünder, lebt länger und ist glücklicher. Das ist unterdessen hinreichend bewiesen. Deshalb sollte man gerade in der Fremde ein bequemes Bett wählen. Nur gut ausgeschlafen wird die Erkundungstour zum Vergnügen. Sich müde durch die Gassen zu schleppen und mit kleinen Augen in die Welt zu blinzeln, ist keine Alternative. Wunderbar schlafen und süß träumen kann man im 3-Sterne-Hotel Alpenblick. Das denkmalgeschützte, über 100-jährige rote Backsteinhaus befindet sich in einem ruhigen Teil des Breitenrainquartiers. Bis in die Altstadt sind es mit Tram oder Bus nur wenige Minuten, zu Fuß etwa 20. Der Name ist im Alpenblick Programm. Zwar sieht man die Berge nur vom Appartement im obersten Stockwerk aus, das viele Holz verleiht dem Hotel trotzdem einen alpinen Touch. Warme Farben und natürliche Materialien dominieren und tragen das Ihre zur gemütlichen, aber mitnichten altbackenen Atmosphäre bei. An den Wänden hängt ein Hauch Nostalgie: Schwarz-Weiß-Fotos, die zeigen, wie Bern einmal war. Die Bilder stammen aus dem Stadtarchiv.

Schwarzgelb geht es in der dritten Etage des Alpenblicks zu. Dort herrscht geschäftiges Treiben. Es summt und brummt gewaltig. In mehreren schmucken Holzhäuschen auf dem Dach des Hotels leben drei Honigbienenvölker. Ihrem munteren Treiben können sogar Allergiker durch eine Glasvitrine gefahrlos zusehen. Es ist unglaublich faszinierend, hinter dem Schutz einer Glasscheibe zu beobachten, wie fleißig die Tierchen sind. Ganz gelb sind ihre Beinchen, wenn sie vom Nektarsammeln zurückkommen. Da schmeckt der Honig beim Frühstück am nächsten Morgen gleich viel besser. Apropos Frühstück: Das fällt im Alpenblick sehr großzügig aus. Drinnen, oder bei schönem Wetter draußen auf der Terrasse, kommen diverse Brotsorten und Gebäck auf den Tisch, Birchermüesli, Früchte und Joghurt, Käse und Schinken sowie Eier. Dazu gibt's Kaffee und Tee, heiße Schokolade und Fruchtsäfte. Also alles, was es braucht für einen gelungenen Start in den Tag.

Hotel Alpenblick, Kasernenstraße 29, 3013 Bern, Tel. +41 (0) 31 335 66 66
www.welcomehotels.ch/alpenblick/
ÖPNV: Tram 9, Haltestelle Breitenrain

Raus auf den Hausberg

36 *Genießen auf dem Gurten*

Über der Stadt Bern thront der Gurten. Er ist zwar nur 858 Meter hoch, trotzdem ist vom Berner Hausberg die Rede und nicht etwa von einem Hügel. Für Ausflügler und Familien ist der Gurten eine Traumdestination, nicht nur wegen der wunderbaren Aussicht auf die Stadt. Der Gurten hat weit mehr zu bieten. Hinauf geht es mit der Bahn oder zu Fuß. Oben warten unzählige Möglichkeiten für einige vergnügliche Stunden. So gibt es etwa ein Netz herrlicher Spazier- und Wanderpfade. Und weil der Gurten eben mehr Hügel als Berg ist, braucht es keine Wanderschuhe, geschweige denn Trittsicherheit. Alle Wege sind gut ausgebaut und sehr gepflegt. Einer der schönsten Spaziergänge führt zum Gurtendörfli, einem kleinen Weiler. Dort stehen einige schöne alte Berner Bauernhäuser. Fast zu jedem gehört ein Stöckli dazu, ein kleineres Gebäude, das für die Altbauern gebaut wurde. Das Gurtendörfli ist ein ganz eigener Mikrokosmos – ein lieblicher, friedlicher Ort.

Oben auf dem Gurten steht ein weiteres lohnenswertes Ziel: der Aussichtsturm. Er ist 23 Meter hoch und bietet eine fantastische Rundsicht über das halbe Schweizer Mittelland, die Bergkette mit Eiger, Mönch und Jungfrau sowie auf die nähere Umgebung. Der Turm erinnert an die Zeit, in der sich Bern gegen Eindringlinge zur Wehr setzten musste. An der Stelle des Turms stand im 15. Jahrhundert eine Hochwacht mit einem Chutz, einem Feuerstock, der bei herannahender Gefahr entzündet wurde. Heute sind die einzigen Feuer, die auf dem Gurten noch gezündet werden, das Feuerwerk am Nationalfeiertag, dem 1. August, sowie ein musikalisches anlässlich des Gurtenfestivals. Das sorgt jeden Sommer während vier Tagen für Hochstimmung auf dem Gurten. Dann findet eine wahre Völkerwanderung statt. Tausende marschieren zu Fuß hinauf zum Festivalgelände. Nur die ganz Geduldigen stellen sich in die Schlange vor der Gurtenbahn. Egal wie, Hauptsache hoch auf den Hausberg, und zwar das ganze Jahr über.

TIPP

Für eine Übernachtung stehen im Hotel „Gurten – Park im Grünen" zwei Zimmer zur Verfügung.

Gurten – Park im Grünen, Gurtenweg, 3084 Wabern, Tel. +41 (0) 31 970 33 33
www.gurtenpark.ch

ÖPNV: Tram 9, Haltestelle Gurtenbahn, dann mit der Gurtenbahn auf den Hausberg

Ein besonderes Örtchen

37 *Blick ins Mittelalter im Kaffee Montag*

Es ist ein Lokal, das man leicht übersehen kann. Einige Schritte, und schon ist man daran vorbeigegangen, ohne es bemerkt zu haben. Wer will sich auch in ein Lokal setzen, das Montag heißt. Also etwa so viel wie: „Tschüss Wochenende, hallo Arbeit". Doch es sind gar nicht mal so wenige, die genau das tun. Vielleicht, weil Montag auch mit einem Neubeginn gleichgesetzt werden kann. Was bringt die Woche? Welche Erlebnisse und Begegnungen hält sie bereit? Antworten auf diese Fragen gibt es im Kaffee Montag zwar nicht, dafür aber jeden Tag frische saisonale Speisen. Einfach und überraschend, immer lecker.

Das Montag ist winzig. In einem schlauchartigen Raum, wie er typisch ist für die Altstadthäuser, befindet sich vorne eine Sitzecke. Am Tresen vorbei geht es in den hinteren Bereich mit einigen Tischen. Das Inventar ist zusammengewürfelt, das Ambiente familiär. Die Atmosphäre hat etwas von einem Wohnzimmer, genau richtig für einen kleinen Kaffeeklatsch. Viele der Anwesenden sind Stammkunden, die die Multi-Cuisine im Montag zu schätzen wissen und sich dort am Mittag verpflegen. Das Lunchmenü gibt es gegen ein Depot auch im Glas, praktisch zum Mitnehmen, täglich wird etwas Neues zusammengestellt. Eine richtige Küche gibt es im Montag zwar nicht, bloß eine Koch-Ecke mit einer einzigen Herdplatte. Trotzdem kommt für die Gäste alles frisch auf den Tisch. Zum Menü dazu gibt es Suppe, Salat und Brot. Frühstücken lässt es sich ebenfalls, am Wochenende gibt es einen reichhaltigen Brunch. Ein ganz besonderes Erlebnis ist im Montag der Gang aufs stille Örtchen. Dort lässt sich durch die durchsichtige Bodenplatte aus Glas ein Blick ins Mittelalter erhaschen, auf den früheren Ehgraben, die Kanalisation. Diese Ehgräben, die vom Stadtbach gespült werden, wurden zwischen Haupt- und Nebengassen angelegt, und zwar nach Maß. Die Rinne musste so groß sein, dass sich ein einjähriges Schwein bequem darin drehen konnte.

Kaffee Montag, Gerechtigkeitsgasse 27, 3011 Bern, Tel. +41 (0) 31 311 31 07
www.kaffeemontag.ch
ÖPNV: Bus 12, Haltestelle Rathaus oder Nydegg

KAFFEE
montag
HAUSGEMACHTE
BACK- UND SÜSSWAREN
HONDURANISCHER
KAFFEE
DIRECT TRADE
CATUAI
MOKA
LEMPIRA
ENJOY YOUR COFFEE

Märitbummel für Genießer

38 *Ein Gang über den Berner Wochenmarkt*

Der frühe Vogel fängt den Wurm, heißt es. Auf dem Berner Wochenmarkt, der immer dienstags und samstags stattfindet, fängt der frühe Vogel das schönste Gemüse und die buntesten Blumen. Ab acht Uhr morgens bis zwölf Uhr mittags bieten die Marktleute auf dem Bundesplatz und in den angrenzenden Gassen sowie in der Münstergasse ihre Waren an. Ein Bild, das Auge und Herz gleichermaßen erfreut. Verkauft wird, was auf den Höfen im Berner Umland herangewachsen und produziert worden ist, nur weniges kommt aus dem Ausland. Früchte, Gemüse und Blumen dominieren. Es gibt aber auch Backwaren, Käse, Fleisch und Fisch sowie Antipasti und mehr. Genug, um einem das Wasser im Munde zusammenlaufen zu lassen.

Der Märit, wie er in Bern genannt wird, schaut auf eine über 100-jährige Tradition zurück. Früher war das Angebot der Bauern für die Stadtbevölkerung unverzichtbar. Sie war auf die Waren aus dem Umland angewiesen, die Gärten in der Stadt gaben nicht genug für alle her. Heute ist der Märit viel mehr als ein Ort, wo man sich mit frischen Lebensmitteln eindeckt. Hier zeigt sich die Verbundenheit von Stadt und Land. Man schwatzt mit den Marktleuten, lässt sich beraten. So erfährt man etwa, welche Apfelsorte sich am besten für den Kuchen eignet, welche Blumen man am besten auf dem Balkon pflanzt, um möglichst viele Schmetterlinge und Bienen anzulocken, und wie lange der leckere Ziegenkäse gereift ist. Auf dem Märit nimmt man sich Zeit für die Besucher. Ganz egal, ob es Stammkunden, Politiker aus dem nahen Bundeshaus oder Touristen sind. Samstags ist ein Marktbesuch der perfekte Auftakt für ein gelungenes Wochenende. Es ist wunderbar, inmitten der großartigen Kulisse der Berner Altstadt von Stand zu Stand zu schlendern und sich die Auslagen anzuschauen. Es herrscht keine Spur von Hektik. Die Marktgänger sind tiefenentspannt, bleiben hie und da stehen, schwatzen, tauschen Neuigkeiten aus und füllen langsam ihre Einkaufskörbe.

Wochenmarkt, Bundesplatz, 3011 Bern
www.bernerwochenmarkt.ch
ÖPNV: Bus 10, 19, Haltestelle Bundesplatz

HELVETICAE
ermelsburg

Von Baum zu Baum

39 *Ab durch die Lüfte im Seilpark Ropetech*

Es heißt, den Mutigen gehört die Welt. In diesem Fall ist es nicht gerade die Welt, aber immerhin sind es die Baumwipfel im Dählhölzliwald. Dort oben landen all jene, die im Seilpark Ropetech in die Klettergurte steigen und sich in die Bäume schwingen. Auf vier bis 23 Metern Höhe führen sieben verschiedene Routen durch die Baumkronen. Hängebrücken und Seilbahnen leiten von Plattform zu Plattform hoch oben in den Bäumen. Einzigartige Blicke über und in den Wald winken als Lohn für den Mut. Alle finden eine Route, die sie bewältigen können. Stets ist man mit Karabinern gut gesichert. Egal, auf welche Route die Wahl fällt, ein ganz besonderes aufregendes Erlebnis in der Natur ist garantiert ebenso wie eine große Portion Nervenkitzel. Vor dem Lianensprung etwa hämmert das Herz, die Beine werden schwach, die Hände nass. Dreimal tief ein- und ausatmen und hinausspringen aus der Komfortzone. Ein Schrei gehört dazu. Schließlich hat sich auch Tarzan nicht lautlos durchs Geäst geschwungen. Außerdem löst Schreien Spannungen. Das Glücksgefühl nach dem Sprung ist umso größer. Der innere Schweinehund ist besiegt, man darf ruhig stolz sein.

Wer eine noch anspruchsvollere Herausforderung als den Lianensprung sucht, dem empfiehlt sich der Powerfan. An einem der Ganzkörpergurte geht es erst 30 Meter hoch ins Blätterdach, dann runter im freien Fall. Adrenalin pur. 120 Plattformen hat der Seilpark im Dählhölzliwald und gehört damit zu den größten in der Schweiz. Die Sicherheit der Besucher hat höchste Priorität. Alle, die hinauf in die Bäume wollen, müssen einen theoretischen Test absolvieren. Der lässt sich prima online machen. Möglich ist es auch vor Ort, es kann aber je nach Besucherzahl etwas dauern. Fürs Klettern muss man mindestens zu zweit sein. An die Füße gehören feste, geschlossene Schuhe, für lange Haare ist ein Haargummi oder -netz Pflicht. Erst dann steht dem Spaß hoch oben in den Baumwipfeln nichts mehr im Weg.

TIPP Der Seilpark lässt sich gut mit einem Besuch des Tierparks Dählhölzli kombinieren.

Ropetech Seilpark Bern, Thunplatz 17, 3005 Bern, Tel. +41 (0) 31 351 09 11
www.ropetech.ch
ÖPNV: Tram 7, 8, Bus 19, 28, Haltestelle Thunplatz

PARCOURS 7
PARCOURS 6
PARCOURS 5
PARCOURS 4
PARCOURS 2
PARCOURS 1

Kultgetränk im orangen Kleid

40 *Alles Ovomaltine im Wander Fabrikladen*

Die S-Bahn ruckelt, am Fenster ziehen Häuser und Wiesen vorbei. Die Stadt bleibt zurück. Dann, nach etwa 20 Minuten, die Durchsage: Nächster Halt „Schlaraffenland". Das ist natürlich frei erfunden. Einen Ort mit diesem Namen gibt es in der Nähe von Bern nicht. Der Zug hält in Neuenegg, einer Gemeinde im Südwesten Berns. Neuenegg kann durchaus auf eine bewegte Geschichte zurückblicken. Immerhin besiegten hier die Berner im März 1798 die französischen Truppen. An den Einfall der Franzosen erinnert bis heute das jährliche Märzenschießen.

Das mag interessant sein, doch es geht weit besser: Neuenegg ist eben doch ein Schlaraffenland. Schließlich ist hier die Wander AG zu Hause, und die produziert Ovomaltine. Das schweizweit und darüber hinaus beliebte, köstlich schokoladige Malzgetränk kam 1904 erstmals auf den Markt. Erfunden hat es der Apotheker Albert Wander. Bereits dessen Vater Georg Wander hatte in einem Laboratorium in der Berner Altstadt nach einem Mittel gegen Mangelernährung gesucht. Er kam auf das Malz. Sein Sohn Albert tüftelte weiter und kam auf die Ovomaltine.

Heute kennen 99 Prozent der Schweizerinnen und Schweizer das Pulver, das mit heißer oder kalter Milch angerührt wird. Dass es ursprünglich als Aufbauprodukt für Kleinkinder und Kranke erfunden wurde, interessiert kaum mehr jemanden. Hauptsache, die heiße oder kalte Ovi schmeckt. Und das tut sie, und wie! Heute gehört die Ovomaltine in über 100 Ländern weltweit auf den Frühstückstisch und ist zur Kultmarke im orangen Kleid geworden. Es gibt sie längst nicht mehr nur in Pulverform, sondern auch als Schokolade, Müesli, Biskuit, Eis am Stiel und Brotaufstrich. Mehr als 25 Produkte sind es insgesamt. Sogar eine eigene Webseite hat die Ovomaltine. Und das Beste ist: In Neuenegg, wo all diese Produkte hergestellt werden, gibt es einen Fabrikladen. Wahrhaftig ein Schlaraffenland für alle Ovomaltine-Liebhaber.

- **Wander AG, Fabrikladen, Fabrikstraße 10, 3176 Neuenegg, Tel. +41 (0) 31 377 20 37 www.wander.ch, www.ovomaltine.ch**
- **ÖPNV: S2 Richtung Laupen, in Thörishaus auf Bus umsteigen, bis Haltestelle Neuenegg**

ovomaltine
Caotina
Aktion
CAOTINA
Crème
Chocolat
Fr. 3.20
ovomaltine
MUESLI PLUS
ovomaltine
CRISP MUESLI
isostar

Bunt, kreativ & rebellisch

41 *Das Kulturzentrum Reitschule*

Sie fällt auf, egal ob man in unmittelbarer Nähe an ihr vorbeigeht oder ob man einen distanzierteren Blick aus dem Zug auf sie erhascht. Die Reitschule ist nicht zu übersehen. Sie ist bunt, laut und alternativ. Ihre Mauern sind voller Graffiti. Die Botschaft ist eindeutig: Diese Stätte ist rebellisch, hier wird Kritik geübt an den herrschenden Verhältnissen. Ganz anders früher: Damals war die Reitschule noch, was ihr Name vermuten lässt. Hier lag das Glück der Erde auf dem Rücken der Pferde. Die sind längst ausgezogen, Stallgeruch hängt keiner mehr in der Luft. Anstatt Schnauben und Wiehern ist heute Musik zu hören. Die Reitschule auf der Schützenmatte hat sich zu einem Kultur- und Begegnungszentrum gemausert. Das ging nicht von heute auf morgen.

1981 besetzten Jugendliche das Gebäude mit dem Ziel, ein autonomes Jugendzentrum mit basisdemokratischer Verwaltung zu gründen. Nach sechs Jahren Kampf und Überzeugungsarbeit konnte ab 1987 ein Kulturbetrieb aufgebaut werden. Seit Jahren schon ist die Reitschule nicht nur für Jugendliche, sondern auch für ältere Semester ein Ort der Begegnung. Hier gibt es Konzerte, Filme und Theaterstücke werden gezeigt, oft wird getanzt bis zum Morgengrauen. Es wird aber auch geschrieben und interpretiert, Ausstellungen stehen auf dem Programm. Auf dem Vorplatz findet regelmäßig ein Flohmarkt statt. Zudem wird gekocht, gegessen und getrunken, gebaut und gelebt.

TIPP

Fotografieren ist in der Reitschule nicht erwünscht.

Die Beziehung des autonomen Kultur- und Begegnungszentrums zur Stadt Bern ist kompliziert. Eine Liebesgeschichte ist es nicht. Mehrmals schon stimmten die Bernerinnen und Berner über Sein oder Nichtsein der Reitschule ab. Jedes Mal sprach sich die Stadtbevölkerung dafür aus, dass das Kulturzentrum erhalten bleibt. Es braucht diesen Ort, auch wenn ihn viele als Schandfleck der Stadt Bern bezeichnen. Genauso viele aber lieben die Reitschule. Allen gemeinsam ist, dass sie eine Geschichte mit ihr verbinden. Am besten ist es, sich selbst ein Bild des Kulturzentrums zu machen, seine eigene Geschichte zu schreiben.

Kulturzentrum Reitschule, Neubrückstraße 8, 3012 Bern, Tel. +41 (0) 31 306 69 69
http://reitschule.ch/reitschule
ÖPNV: Bus 11, 20, 21, Haltestelle Bollwerk

OFFENE VORPLATZ-SITZUNG
OPEN VORPLATZ-MEETING
VORPLATZ-SEANCE OUVERTE
HIER, HERE
FREE CAROLA RACKETE

Kühle Drinks am Fluss

42 *Den Tag im Schwellenmätteli ausklingen lassen*

Für einen Sundowner der Extraklasse geht man in Bern am besten ins Schwellenmätteli direkt am Ufer der Aare. So schön wie dort, im Restaurant Terrasse, lassen sich die letzten Stunden des Tages fast nirgendwo sonst verbringen. Das Restaurant ist direkt über die Schwelle der Aare gebaut. Rundherum spritzt und tost das Wasser, man sitzt quasi inmitten der schäumenden Wellen. Nass wird man glücklicherweise nicht. Die Aareschwelle wurde um 1900 gebaut. Bis heute dient sie der Regulierung des Flusswassers. Das Schwellenmätteli ist nicht nur für den Sundowner ein beliebter Treffpunkt. Den ganzen Tag über finden Leute den Weg hinunter an diesen lauschigen Ort. Er ist leicht erreichbar, zentral, aber ruhig und besinnlich, urban, aber doch gefühlt mitten im Grünen. Das geschäftige Treiben der Innenstadt scheint hier unten in weite Ferne zu rücken, egal zu welcher Tages- und Jahreszeit. Eine laue Sommernacht lässt sich ebenso genießen wie ein klirrend kalter Wintermorgen. Vom Restaurant Terrasse aus schweift der Blick wahlweise über das Bundeshaus, über die alten Patrizierhäuser der Altstadt mit ihren Gärten, über das Münster und das Mattequartier oder hinüber zu den Englischen Anlagen. Durch eine Öffnung im Holzboden ist das Wasser sichtbar. Hoch oben rattern Trams über die Kirchenfeldbrücke, unten im Schwellenmätteli tost der Fluss. Ganz vorne auf der Terrasse gilt denn auch: Reden ist Silber, Schweigen ist Gold. Ein vernünftiges Gespräch ist wegen des Geräuschpegels der Aare kaum möglich. Macht nichts! Es muss ja nicht immer gequatscht werden, im Gegenteil: Gemeinsam schweigen kann eine Wohltat sein. Auf den Holzliegen über dem Wasser kann man still die Gedanken schweifen und den Tag nochmals vorüberziehen lassen. Was war gut? Wofür kann man dankbar sein? Vielleicht für das anregende Gespräch mit der Freundin, die Zeichnung des kleinen Sohns oder das Stückchen Gute-Laune-Schokolade zum Frühstück? Wenn nicht, dann sicher für diesen Moment im Schwellenmätteli.

Restaurant Terrasse, Dalmaziquai 11, 3005 Bern, Tel. +41 (0) 31 350 50 01
www.schwellenmaetteli.ch
ÖPNV: Marzilibahn, Haltestelle Marziliquartier

Chronos gibt den Takt an

43 *Der Zeitglockenturm und sein Figurenspiel*

Keine Verpflichtungen, kein Zeitdruck, nichts müssen, alles können. Das sollte auf Reisen das Motto sein, schließlich will man sich ja vom Alltagsstress erholen. Allerdings braucht es für einen der Berner Glücksorte die wohl schweizerischste aller Schweizer Eigenschaften: Man sollte pünktlich sein wie ein Uhrwerk. Denn genau um ein solches geht es, um das Uhrwerk der astronomischen Kalenderuhr des Zeitglockenturms. Dort geht es immer zur vollen Stunde hoch her: Ein mittelalterliches Figurenspiel sorgt für ein außergewöhnliches Spektakel, das man nicht verpassen sollte. Noch bevor die Viertelstundenglocke viermal ertönt, kräht der Hahn, ein Bärenzug tanzt, und der Narr schlägt seine beiden Glöckchen. Dann hat Chronos seinen Auftritt. Er, der Gott der Zeit, hebt sein Zepter zum Zeichen für Hans von Tann. Der goldene Ritter schlägt hoch oben im Turm die große Stundenglocke. Unten in der Gasse legen Touristen mit leicht geöffneten Mündern die Köpfe in den Nacken. Einige Ohs und Ahs ertönen. Kameras und Smartphones filmen das Geschehen. Einheimische laufen belustigt vorbei. Ihr Blick bleibt an den Touristen hängen, die ihnen ein ganz anderes Schauspiel auf Augenhöhe bescheren.

TIPP Von innen kann der Zytglogge mit einer Führung besichtigt werden. Reservierung empfohlen.

Der Zeitglockenturm, Zytglogge, wie er von allen genannt wird, war nach der Gründung Berns 1191 lange Jahre das westliche Eingangstor zur Stadt. Außerdem war er das Maß aller Dinge. Nach seiner Turmuhr hatten sich alle zu richten. Im Tordurchgang zeigen noch immer Metallstäbe die exakte Länge von Meter und Doppelmeter an, früher waren es Elle und Klafter.

Heute sind es vor allem die Touristen, die sich noch nach dem Zytglogge richten. Pünktlich zur vollen Stunde versammeln sie sich in Scharen vor dem Turm, bereit für das Schauspiel. Dass die Bären nur tanzen, weil der Zeitglockenrichter die Uhr aufgezogen hat, bedenkt kaum jemand. Fünf, insgesamt 400 Kilogramm schwere Gewichte müssen jeden Abend hochgezogen werden. Erst dann kräht der Hahn, und der Narr schlägt die Glöckchen.

Zeitglockenturm, Bim Zytglogge 1, 3011 Bern, Tel. +41 (0) 31 328 12 12
www.zeitglockenturm.ch
ÖPNV: Tram 6, 7, 8, 9 sowie Bus 10, 12, 19, 30, Haltestelle Zytglogge

Stille Wasser sind attraktiv

44 *An den Ufern des Egelsees*

Mitten in der Stadt Bern gibt es einen winzigen See, den Egelsee. Obwohl er gar nicht so weit von der Altstadt entfernt und gut erreichbar ist, verirren sich kaum Touristen an seine Ufer. Schade eigentlich, denn der kleine, hübsche Moränensee natürlichen Ursprungs ist durchaus einen Abstecher wert. Mitsamt seiner Umgebung bildet der See eine Oase mitten im Wohnquartier. Es ist ein beschaulicher, stiller Ort, den viele Menschen lieben. Sie kommen her, um auf einer Bank ein paar ruhige Minuten zu verbringen und durchzuatmen. Wer mag, kann rund um den ganzen See schlendern. Zwar führt der Weg nicht immer direkt am Ufer entlang, einen Blick aufs Wasser lässt sich aber immer wieder erhaschen. Ab und zu ertönt Entengeschnatter, die Vögel zwitschern, und hie und da quakt ein Frosch.

Am Egelsee beginnt der Landschaftsweg zum Zentrum Paul Klee, einem der Berner Glücksorte. Wegweiser namens „Warum zu Fuß?“ oder „Schreiten und Gleiten“ verweisen auf Bildtitel des Berner Künstlers, dessen Werk im Zentrum Paul Klee zu sehen ist. Klee liebte das Wasser als Motiv. Ob er dabei auch an den Egelsee dachte, mag durchaus sein. Quellen der Inspiration gibt es dort genügend.

An langen Sommertagen tanzen Libellen über einen Teppich aus Seerosen, am Ufer blühen die Schwertlilien. Im Herbst verleihen Nebelschwaden dem See etwas Geheimnisvolles. Auf der glatten Wasseroberfläche spiegeln sich die Bäume mit ihrem bunten Laub. Im Winter verwandelt sich der See bei Minustemperaturen in eine Natureisbahn. Bedingung ist, dass die Eisdecke mehr als zehn Zentimeter dick ist und bis zu 500 Kilogramm pro Quadratmeter trägt. Erst dann wird der See für die Öffentlichkeit freigegeben. Schließlich soll man gefahrlos Pirouetten drehen können. Lange währt diese winterliche Freude meist nicht, in der Regel ist bereits nach wenigen Tagen Tauwetter angesagt. Bald schon bringt der Frühling seine ganz eigenen Reize an den Egelsee.

Egelsee, Muristraße 21, 3006 Bern
www.ig-egelsee.ch, www.vereinamsee.ch
ÖPNV: Bus 12, Haltestellen Tavelweg oder Seminar

Feiern bis zum Morgengrauen

45 *Das Kultur- und Konzertlokal Bierhübeli*

Tanzen hält bekanntlich jung und fit. Außerdem macht es unglaublich viel Spaß. In Bern schwingen Nachtschwärmer seit mehr als 30 Jahren im altehrwürdigen Bierhübeli das Tanzbein. Woche für Woche stehen im renommierten Kulturlokal im Länggassquartier Dance-Partys und Live-Acts auf dem Programm. Insgesamt sind es jährlich rund 50 Konzerte und mehr als 60 Partys, die in der speziellen Atmosphäre des Bierhübelis stattfinden. Der Konzertsaal ist im Jugendstil gebaut, knapp 1000 Leute passen rein. Es ist eine ziemlich intime Angelegenheit. Fast zum Greifen nah sind die Künstler, selbst wenn man das Treiben auf der Bühne aus der hintersten Reihe verfolgt. Vor einem wippen die Köpfe, Hunderte Hände bewegen sich im Takt der Musik hin und her. Erklingt ein Ohrwurm, singen die meisten im Saal aus vollem Hals mit. Am besten ist die Sicht aufs Geschehen oben auf der Galerie. Unter einem gleicht die wogende Menge einem Wellenmeer. Wird die Bühne nicht gebraucht, verschwindet sie ganz einfach hinter einem Samtvorhang. Dann wird der Raum gleich noch etwas intimer.

Wo heute gefeiert wird, gab es bereits 1729 eine Gastwirtschaft. 1847 brannte sie ab. Das heutige Lokal wurde 1912 gebaut. Im 19. Jahrhundert war das Bierhübeli, wie andere Lokale in Europa auch, eine Bühne für Völkerschauen, wo Menschen aus anderen Kulturen gezeigt wurden. Bis weit hinein ins 20. Jahrhundert waren diese Einblicke in eine Welt der Wilden ein Massenvergnügen.

Heute gibt es im Bierhübeli keine sonderbaren Ausstellungen mehr. Es wird ganz einfach ausgelassen gefeiert. Die Konkurrenz im Berner Nachtleben ist zwar groß, trotzdem hält sich das Bierhübeli standhaft. Immer wieder werden neue Party-Formate lanciert, regelmäßig finden internationale Stars den Weg auf die Bühne. Außerdem locken die Bar Gustav und der Biergarten. Vor, während und nach einer Veranstaltung lässt es sich drinnen oder draußen wunderbar chillen, so lange, bis die müden Füße wieder bereit sind zum Tanzen.

Bierhübeli, Neubrückstraße 43, 3012 Bern, Tel. +41 (0) 31 305 31 50
www.bierhuebeli.ch
ÖPNV: Bus 11, 21, Haltestelle Bierhübeli

ERHÜBELI

Kleine Bohne ganz groß

46 *Kaffeegenuss in der Rösterei*

Ein Tag, der mit einer Tasse frisch gebrühtem, dampfendem Kaffee beginnt, kann nur ein guter Tag werden. Was gibt es am Morgen Besseres als den Duft von gerösteten und gemahlenen Kaffeebohnen? Die Sinne werden angeregt, der Körper erwacht. Je nach Belieben gehört noch ein Schuss Milch oder gar Sahne in die Tasse, vielleicht ein wenig Zucker. Herrlich. Um in Bern mit einem solchen Hochgefühl in den Tag zu starten, braucht man nichts weiter zu tun, als der Rösterei einen Besuch abzustatten. Dort, an der Güterstraße im Holligenquartier, gibt es 1-a-Kaffee. Mehrmals pro Woche lässt sich der Röstmeister bei seiner Arbeit über die Schulter blicken. Es ist ein sinnliches Erlebnis, vor allem für die Nase. Beim Rösten entfalten die grünen Bohnen des Rohkaffees ihren Duft und das Aroma. Entsprechend riecht es in der Rösterei mal fruchtig und zitronig oder nussig mit einem Hauch Karamell.

Das Interieur der Lokalität ist schlicht: Holztische und -stühle, schwarze Fabriklampen, kein Schnickschnack. Die Rösterei wäre auch in New York oder Kapstadt nicht fehl am Platz.

Auf Basis der gerösteten Bohnen zaubern die professionellen Baristas jede erdenkliche Kaffeespezialität. Kein Wunsch bleibt unerfüllt. Vom simplen Espresso über den klassischen Cappuccino bis hin zum hippen Coldbrew, also kalt gebrühtem Kaffee, ist alles dabei. Hinter dem Tresen wird gemahlen, gebrüht und Milch geschäumt, was das Zeug hält. Es ist faszinierend, zu beobachten, wie die Baristas es immer wieder aufs Neue schaffen, ein Bild in den Milchschaum zu zaubern. Zu behaupten, das sei Latte-Art auf höchstem Niveau, ist nicht übertrieben. Nur schade, dass man die kleinen Kunstwerke mit dem Löffel zerstören muss. Toll ist, dass es die gerösteten Bohnen auch zu kaufen gibt. Drei der Röstmischungen sind nach den Berner Quartieren Elfenau, Lorraine und Marzili benannt. Sie eignen sich ganz besonders gut als Andenken oder spezielles Mitbringsel.

Kaffeebar Rösterei, Güterstraße 6, 3008 Bern, Tel. +41 (0) 31 380 55 88
www.roesterei.be
ÖPNV: Bus 12, Haltestelle Holligen

Unsere Terroir
Kaffees zum Geniessen
als Filterkaffees
5.80
BLASERCAFÉ
SUISSE
PEAK

Es grünt so grün…

47 … im Eichholz in Wabern

Bern rühmt sich zu Recht, eine der grünsten Städte weltweit zu sein. Mehr als 130 Quadratmeter Grünfläche stehen jeder Bewohnerin und jedem Bewohner der Stadt durchschnittlich zur Verfügung; Wälder, Naturschutzgebiete, Parks, öffentliche Gärten sowie landwirtschaftlich genutzte Flächen zählen dazu. Ein gutes Drittel der Gesamtfläche Berns ist grün. Eine der schönsten und beliebtesten dieser Stadtoasen ist das Eichholz in Wabern am Rand der Stadt. Das Eichholz befindet sich direkt an der Aare und besteht aus einer großen Spiel- und Liegewiese, einem Campingplatz und seit einigen Jahren einem Naturreservat. Dort tummeln sich nicht nur Frosch, Eisvogel, Ringelnatter und Biber, sondern auch Fischotter. Sie alle fühlen sich inmitten der Stillgewässer, Feuchtwiesen, Schilfgürtel und Hecken pudelwohl. Zugang zum Infozentrum Eichholz erhält allerdings nur, wer an einer der vielen Veranstaltungen teilnimmt. Ansonsten bleibt die Tür zu.

Offen für alle ist hingegen der Campingplatz. Der ist so schön, dass sogar Einheimische ihre Ferien dort verbringen. Manchmal liegen die besten Abenteuer eben direkt vor der Haustür. Die Campinganlage bietet Stellplätze für etwa 50 Wohnwagen. Zudem gibt es eine eingezäunte Zeltwiese. Duschen und Toiletten hat es natürlich ebenso wie Küchen, Waschmaschinen und -trockner. Wer sich im Schlafsack auf einer Schaumstoffmatte nicht wohlfühlt, kann in einfach eingerichteten Zimmern für zwei bis vier Personen übernachten. Das Restaurant Serini serviert allerlei hausgemachte Speisen. Außerdem stehen mehrere Grillplätze samt Brennholz zur Verfügung.

Am Morgen wird man von Vogelgezwitscher geweckt, kaum aus dem Zelt oder Wohnwagen heraus ist man in wenigen Schritten bereits am Ufer der Aare. Kinder können sich auf der großen Wiese neben dem Spielplatz wunderbar austoben und ganz ungestört spielen. Das Eichholz ist ein Glücksort für Groß und Klein.

Camping Eichholz, Strandweg 49, 3084 Wabern, Tel. +41 (0) 31 961 26 02
www.campingeichholz.ch
ÖPNV: Tram 9, Haltestelle Wabern, danach etwa 15 Minuten Fußweg

Ganz & gar nicht zum Weinen

48 *Buntes Treiben am Zibelemärit*

Man liebt ihn oder man hasst ihn – den vierten Montag im November. Diesen Tag, an dem bereits frühmorgens der Geruch von Zwiebelkuchen und Glühwein durch die Gassen wabert und ganz Bern im Zeichen des Zibelemärit, des Zwiebelmarkts, steht. Lange bevor der Tag anbricht, sind bereits die ersten Besucherinnen und Besucher in der Oberen Altstadt unterwegs. Für sie ist der Zibelemärit, ein Mix aus Bauernmarkt und Volksfest, eine wahre Freude. Dass sie so früh aufgestanden sind, hat natürlich einen Grund. Die Morgenstunden sind die schönsten. Offiziell beginnt der Markt zwar erst um sechs Uhr. Viele Einheimische sind aber bereits um vier Uhr auf den Beinen. Man sollte sich aus dem Bett quälen und es ihnen gleichtun. So früh am Morgen sind die mehr als 200 Marktstände noch gut bestückt mit den dekorativen und kunstvoll geflochtenen Zwiebelzöpfen und -kränzen. Jetzt kann man noch ganz in Ruhe auswählen und vergleichen, ohne von allen Seiten geschubst zu werden. Nebst den Zwiebeln bieten die Marktleute auch Kleider, Schmuck und Keramik an.

Der Zibelemärit ist einer der wichtigsten Bräuche in Bern. Der erste fand nach dem Stadtbrand im Jahr 1405 statt. Damals eilten die benachbarten Freiburger den Bernern zu Hilfe. Zum Dank wurde es den Rettern in der Not erlaubt, fortan jeden Herbst ihre Zwiebeln in Bern zu verkaufen. Ob die Geschichte tatsächlich wahr ist, sei dahingestellt.

Doch zurück in die Gegenwart: Am Zibelemärit steigt bald die Stimmung. Ab 16 Uhr kommt sie zum Höhepunkt. Dann beginnt die Konfettischlacht. Es dauert nicht lange, bis die Straße mit den kleinen, bunten Papierteilchen bedeckt ist. Wer jetzt lauthals lacht, läuft Gefahr, dass eine Ladung Konfetti im Rachen landet. Auch mit einem Schlag auf den Kopf sollte man jederzeit rechnen. Keine Angst, es sind bloß quietschende Plastikhämmerchen, die zum Einsatz kommen. Zusammengefasst lässt sich sagen: Je fortgeschrittener der Tag ist, umso verrückter ist die Stimmung am Zibelemärit.

Zibelemärit, Obere Altstadt Bern
www.bern.ch/themen/freizeit-und-sport/markte/zibelemaerit
ÖPNV: alle Trams und Busse, Haltestelle Bern Bahnhof

Auf den Spuren des Fuchses

49 *Der Foxtrail, eine Schnitzeljagd durch Bern*

Suchend schauen sich die jungen Frauen um. Ihre Blicke schweifen durch die Gasse und über die Häuserzeile vor ihnen. Plötzlich ruft eine: „Da, da ist sie", und stürzt vorwärts. Gemeint ist mit „sie" nicht etwa die verspätete Freundin, sondern die nächste Station. Genauer: die nächste Station des Foxtrails, einer Schnitzeljagd, die quer durch Bern führt und die Stadt zur Spielwiese macht. Der Fuchs hat seine Fährten gelegt. Versteckte Hinweise und kniffelige Aufgaben weisen den Weg von Station zu Station. Codes müssen geknackt und geheime Botschaften entschlüsselt werden. Nicht selten gerät man ob der Aufgaben ganz schön ins Rätseln. Ans Ziel kommt, wer um die Ecke denkt und kombinieren kann. Am besten geht's im Team. Insgesamt gibt es in Bern fünf verschiedene Trails. Ohne Führer folgt man zu zweit oder in größeren Gruppen der Spur des Fuchses. Man ist zu Fuß unterwegs, mit dem Fahrrad oder mit den öffentlichen Verkehrsmitteln.

Gestartet wird beim Hauptbahnhof. Dort erhält man nach der Onlineanmeldung einen ersten Hinweis. Vielleicht ist es eine Zeitschriftenverkäuferin, die einem eine Zeitung oder ein Magazin überreicht. Dort könnte es beispielsweise heißen: Gehe dahin, wo sich Wasser, Strom und Individualverkehr kreuzen! Das Abenteuer beginnt, die Fuchsjagd ist lanciert. Man knobelt und rechnet, ringt nach Worten und zermartert sich das Hirn. So lange, bis der Groschen fällt und man den Weg zur nächsten Station weiß. Die Füchse drehen nicht nur zwischen Lauben und Bärengraben ihre Runden, teils führen die Fährten bis an den Stadtrand und darüber hinaus ins Grüne. Wer sich auf die Jagd macht, sollte je nach ausgewähltem Trail zwei bis viereinhalb Stunden Zeit einrechnen. Ein Mobiltelefon muss dabei sein. Langeweile kommt auf dem Foxtrail garantiert nicht auf, die Zeit vergeht wie im Flug. Dass man auf diesem Sightseeing der anderen Art nebst bekannten auch unzählige weniger bekannte und geheime Winkel der Stadt Bern entdeckt, ist mehr als bloß eine Begleiterscheinung.

Foxtrail, Swisscovery GmbH, Bergstraße 1, 6004 Luzern, Tel. +41 (0) 41 329 80 00
https://events.foxtrail.ch/de
ÖPNV: alle Busse und Trams, Haltestelle Bahnhof

FOXTRAIL
Play with the city.
Trail: Schiefer
Posten: 14 Schwellenmätteli
Folgt jetzt dem Fahrweg nicht einfach nur unter die fantastische Brücke, sondern genau unter die Fuchspfote. Und wenn Ihr das perfekt tut, so steht ihr neben meinem Postenhinweis.
Follow the road not just simply below the fantastic bridge, but exactly underneath the fox paw. If you get it just right, you'll find yourself next to my next clue for you.
Suivez à présent le chemin qui passe non seulement sous ce fantastique pont, mais aussi sous une patte de renard. Si vous le faites correctement, un poste se trouvera à côté de vous.
www.foxtrail.ch

Cocktails über den Dächern

50 *Die Sky Terrace des Hotels Schweizerhof*

Bern und Wolkenkratzer? Fehlanzeige. Nirgendwo in der ganzen Stadt funkeln gläserne Fassaden im Sonnenlicht. Kühne Hochhausbauten, die lange Schatten werfen, fehlen. Sie wären ja auch gänzlich fehl am Platz im bodenständigen Bern. Trotzdem gibt es auch im kleinen Bern ein wenig New-York-Feeling: auf der Sky Terrace des 5-Sterne-Hotels Schweizerhof gleich beim Hauptbahnhof. Dort liegt einem das UNESCO-Welterbe zu Füßen. Über den Dächern von Bern gibt es eine 360°-Panoramasicht auf die Altstadt. Groß ist sie nicht, die Sky Terrace, und das ist gut so. Es gibt keine Massenabfertigung. Nur wenige Tische, Rattansessel und Sofas finden Platz. Sonnensegel und -schirme spenden Schatten und sorgen für das richtige Sommerfeeling. Abends weht oft ein laues Lüftchen. Die Atmosphäre auf der Sky Terrace des Schweizerhofs ist schick, aber nicht protzig. Willkommen ist auch, wer nicht in die Kategorie VIP gehört und keinen fetten Geldbeutel hat. Allerdings muss man wissen, dass auf der Sky Terrace alles seinen Preis hat, günstig ist es nicht im 5-Sterne-Haus. Trotzdem, die Investition lohnt sich. Mit einem kühlen Drink in der Hand kann man sich ganz entspannt zurücklehnen und das Leben genießen, berieselt von diskreter Lounge-Musik. Gegen Abend wird das Licht sanfter, langsam bricht die Dämmerung herein, in der Stadt gehen die Lichter an. Jetzt kommt Romantik auf.

Den Schweizerhof gibt es bereits seit 1859. Seine glanzvollsten Zeiten begannen 1939. Damals machte die Besitzerfamilie Gauer aus dem Haus ein erstklassiges Hotel von internationalem Renommee. In den 1950er-Jahren stieg die erste Prominenz im Schweizerhof ab. Liz Taylor, Sophia Loren, Peter Ustinov, Albert Schweitzer, Franz Josef Strauß und Diego Maradona waren nur einige der illustren Gäste, die im Luxushotel logierten. 2009 wurde der in die Jahre gekommene Schweizerhof umfassend umgebaut. Zwei Jahre später fand die Wiedereröffnung mit viel Glanz und Glamour statt. Die Sky Terrace gibt es seit 2012.

Sky Terrace, Hotel Schweizerhof, Bahnhofplatz 11, 3001 Bern, Tel. +41 (0) 31 326 80 80
www.schweizerhof-bern.ch
ÖPNV: alle Busse und Trams, Haltestelle Bahnhof

Nächtigen mit Stil

51 *Die Jugendherberge am Fluss*

Wie man sich bettet, so liegt man bekanntlich. Gut und durchaus gediegen liegen kann man in der Berner Jugendherberge. Die bequemen Betten sind nur ein Pluspunkt. Die Lage im Marziliquartier unter dem Bundeshaus direkt an der Aare ist unschlagbar und eines 5-Sterne-Hotels würdig. Ein solches ist die Jugendherberge natürlich nicht, aber sie hat ganz schön viel zu bieten. Die Zweierzimmer im schicken Neubau halten mit einem Hotelzimmer locker mit. Sie haben ein eigenes Bad mit Dusche, ein großes Doppelbett und eine grandiose Aussicht. Die Fenster sind bodentief und geben den Blick frei auf die Aare oder das Bundeshaus. Trotzdem ist die Jugendherberge eben kein Hotel. Die Gäste sollen nur fürs Schlafen aufs Zimmer gehen. Fernsehgerät und Sofa sucht man dort vergebens. Im Mittelpunkt steht das Bett, und das ist gut so. Ausspannen soll man hier und sich ausruhen nach einem ereignisreichen Tag. Nachrichten, die über den Bildschirm flimmern, oder gar Netflix-Serien sind nicht Teil der Erholung. Wer nicht ohne sein kann, muss den eigenen Laptop mitbringen oder sich mit dem Smartphone helfen. Wifi gibt es selbstverständlich im ganzen Haus. Nebst den Doppelzimmern befinden sich im Neubau auch Vierbettzimmer, in denen sich eine ganze Familie wohlfühlt. Im denkmalgeschützten Haupthaus, das renoviert wurde, sind mehr als 20 Mehrbettzimmer untergebracht. Eine Küche zum Selberkochen gibt es in der Jugendherberge nicht, aber es hat ein Restaurant. Dort wird mittags und abends ein Drei-Gänge-Menü serviert, unter die Gäste mischen sich auch Bernerinnen und Berner, die im Quartier arbeiten. Jugendlich muss man übrigens ganz und gar nicht sein, um in der Jugendherberge zu übernachten. Im Alt- und Neubau gehen Gäste jeden Alters und aus aller Welt ein und aus. Jüngere Rucksack- und Alleinreisende quartieren sich eher in den Mehrbettzimmern ein. Paare und Geschäftsreisende bevorzugen die Ruhe im Neubau. Wer möchte, findet schnell Anschluss und vielleicht sogar neue Freunde.

Jugendherberge Bern, Weihergasse 4, 3005 Bern, Tel. +41 (0) 31 326 11 11
www.youthhostel.ch/de/hostels/bern
ÖPNV: Marzilibahn, Haltestelle Marzili

I want to ride my bicycle

52 *Stylishe Fahrräder von Design Your Bike*

Fahrradfahren oder Velofahren, wie wir sagen, ist in Bern ein Hochgenuss. Durch die ganze Stadt führen zahlreiche Velowege. Auf diesen gelangt man schnell und sicher ans Ziel. Für mich ist Velofahren ein Lebensstil. Ohne mein Velo fühle ich mich unvollständig, wir gehören zusammen, sind ein Team. Kein Wunder, schließlich habe ich meinen Drahtesel ja selbst designt. Na ja, fast. Viel eher habe ich einfach die verschiedenen Komponenten, wie Rahmen, Felgen, Sattel und Lenker, ausgewählt und sie online zu meinem zweirädrigen Traum zusammengefügt. Zusammengeschraubt hat mein Velo Alberto Fernandez. Er ist Berner, Inhaber, Geschäftsführer und Gründer von Design Your Bike. Design Your Bike wiederum ist ein Fahrradunternehmen, das Kundinnen und Kunden anstelle von langweiligen und gewöhnlichen Velos stylishe und individuelle anbietet. Ein roter Rahmen, weiße Felgen, gelbe Pneus und ein Spritzschutz aus Bambus. Das geht. Mit dem Online-Konfigurator ist das Velo ruckzuck zusammengestellt. Dann heißt es warten, bis man seinen Liebling im Laden abholen kann. Dieser Laden gegenüber dem Rosengarten ist übrigens auch einen Besuch wert, wenn man kein Velo bestellen will. Es lohnt sich, einen Blick hineinzuwerfen. Der Laden ist wirklich hübsch. Wer Drahtesel liebt, wird dort ganz sicher glücklich. Natürlich braucht man kein eigenes Fahrrad, um Bern auf zwei Rädern zu erkunden. Es gibt überall in der Stadt Stationen, wo man sich robuste Räder ausleihen kann. Das geht ganz einfach mit der PubliBike-App. Hat man diese erst einmal auf sein Smartphone geladen, stehen einem an 170 verschiedenen Orten in Bern mehr als 1500 Velos zur Verfügung. Die Hälfte der Flotte besteht aus E-Bikes, mit denen es sich ganz mühelos durch die Stadt radeln lässt. Wer nicht bloß von A nach B fahren will, kann auch eine längere Tour machen. Außerhalb der Stadt gibt es ein Netz von gut ausgeschilderten Radwegen. Empfehlenswert ist etwa eine Fahrt an den Wohlensee. Das sind etwas mehr als zehn vergnügliche Kilometer.

TIPP

Informationen zum Fahrradverleih gibt's auf publibike.ch.

Design Your Bike, Papiermühlestraße 2, 3013 Bern, Tel. +41 (0) 31 543 18 93
www.designyourbike.com
ÖPNV: Bus 10, Haltestelle Rosengarten

YOUR
CRANE

Unterwegs in 3007

53 *Von der Zarbar zum Kaffee Ida*

Wer im Fischermätteli im Südwesten Berns gemütlich ein Feierabendbier trinken wollte, musste dafür jahrelang in die Innenstadt fahren. Im Stadtteil mit der Postleitzahl 3007 gab es schlicht keinen Ort, wo man nach Arbeitsende etwas trinken konnte. Dann aber kam die Zarbar, und alles wurde anders. Nun gibt es an der Pestalozzistraße, wo früher Miggu's Kiosk war, nicht nur Feierabendbier, sondern auch vorzüglichen Kaffee und mehr. Genau vor der Tramhaltestelle Cäcilienstraße befindet sie sich – die kleine Bar mit dem großen Herzen. Man muss sie einfach gern haben. Schnell wurde die Zarbar nach der Eröffnung das Wohnzimmer des Quartiers. Hier kennen sich alle, oder sie lernen sich kennen. Es ist so eng, dass man automatisch mit anderen Gästen am Tisch sitzt. In die Zarbar kommt man nicht, um zu schweigen, sondern um zu schwatzen und sich auszutauschen. Im Angebot sind eine lange Liste an Getränken sowie einige süße und salzige Happen. Es ist ein bisschen hip, aber nicht zu sehr.

Der Südwesten Berns erlebt gerade einen Aufschwung. Zwar werden das Breitenrain und das Länggassquartier wohl immer ein wenig cooler sein, nichtsdestotrotz lohnt sich ein Abstecher in den Stadtteil Mattenhof-Weissenbühl, zu dem auch das Fischermätteli gehört.

Am besten lässt man sich nach einem Morgenkaffee in der Zarbar einfach treiben. Gut möglich, dass einen der Weg an der Friedenskirche mit ihrem 50 Meter hohen Glockenturm vorbeiführt. Von dort könnte es weitergehen ins Eisenbahnerquartier, eine denkmalgeschützte Wohnsiedlung mit schmalen Straßen und unglaublich hübschen Häuschen. Fast wähnt man sich in Bullerbü.

Wer noch nicht müde ist, marschiert weiter in Richtung Eigerplatz. Unterwegs lockt ein weiteres Quartier-Wohnzimmer: das Café Ida. Mehr Platz als in der Zarbar hat es auch hier nicht, der Kaffee ist aber ebenso wunderbar, und Süßes von der Theke gibt es auch.

Zar café*bar, Pestalozzistrasse 9, 3007 Bern, Tel. +41 (0) 79 336 31 50, www.zarbar.ch

Ida Kaffee & Raum, Schwarzenburgstraße 25, 3007 Bern

ÖPNV: Zarbar – Tram 6, Haltestelle Cäcilienstraße, Ida Kaffee & Raum – Bus 10, Haltestelle Weißensteinstraße

Samstag 30.11
Raclette Abend
in der ZAR BAR
mit Lara, Oli, Käse
und viel Weisswein
Anmeldung an der Bar!

Flanieren unter den Lauben

54 *Berns allwettertaugliche Arkaden*

Dieser Glücksort ist ganze sechs Kilometer lang. So lang wie die Lauben, welche die Gassen von Berns Altstadt säumen. Die Lauben, das sind die Arkaden. Im Volksmund werden sie auch als Rohr bezeichnet, weil sie fast ohne Unterbrechung durch die ganze Innenstadt führen, von der Heiliggeistkirche beim Bahnhof bis zur Nydeggbrücke. Bei schlechtem Wetter bieten die Lauben Schutz vor dem Regen. Im Sommer, wenn die Hitze durch die Gassen wabert, ist es in den Arkaden schattig und nicht ganz so heiß wie auf der Straße. Entstanden sind die Lauben nach einem verheerenden Brand im Jahr 1405. Zwei Drittel der Stadt wurden damals von den Flammen zerstört, die Holzhäuser brannten lichterloh. Um ein solches Feuer künftig zu verhindern, setzte man beim Wiederaufbau auf Sandstein, die Lauben entstanden. Heute gelten sie als eine der längsten gedeckten Einkaufspromenaden Europas.

Eines muss allerdings gesagt sein: Gäbe es für den Fußverkehr unter den Lauben Durchsagen im Radio, wäre vor allem an den Wochenenden öfters von Stau die Rede oder aber von stockendem Verkehr. Gerade samstags schlendern viele Auswärtige ganz gemütlich durch die Laubengänge. Sie inspizieren jedes einzelne Schaufenster, bleiben stehen und schwatzen, genießen die Shoppingtour in historischer Kulisse. Jene, die unterwegs sind, um ihre Wochenendeinkäufe zu erledigen, schlagen Haken. Ganz Eilige weichen auf die Straße aus. Etwas ruhiger zu geht es unter den Lauben in der Unteren Altstadt. Dort findet man nicht nur viele kleine, feine Läden, in denen es sich eine Weile herrlich stöbern lässt, sondern auch zahlreiche nette Cafés – wie das Kaffee Montag, das ein eigener Glücksort ist.

Übrigens: Auch der Physiker Albert Einstein, der eine Weile in Bern lebte, wusste die Lauben zu schätzen. Kurz nachdem er in die Stadt gezogen war, schrieb er seiner zukünftigen Frau, dass es in Bern selbst bei starkem Regen möglich sei, durch die Stadt zu gehen, ohne nass zu werden.

TIPP Im Frühjahr zeigt sich die Untere Altstadt am Loubechehr von der schönsten Seite.

Lauben, Obere und Untere Altstadt
Loubechehr, www.loubechehr.ch
ÖPNV: Tram 9, Haltestellen Bärenplatz, Zytglogge, Bus 12, Haltestellen Rathaus, Nydegg

Schau mir in die Augen

55 *Spazierengehen mit Alpakas in Ortschwaben*

Ein tiefer Blick in die Augen eines Alpakas reicht, um schockverliebt zu sein. Kein Wunder, die flauschigen Tiere mit den großen dunklen Augen sind allerliebst. Reflexartig streckt man die Hand aus, um das weiche Fell zu streicheln. Besser ist es allerdings, sich vorsichtig anzunähern und die Tiere erst mal schnuppern zu lassen. Schließlich sollen sie einen gleich auf einem rund zweistündigen Spaziergang rund um Ortschwaben begleiten. Das Dorf liegt etwas außerhalb der Stadt Bern, ist aber sehr gut mit dem öffentlichen Verkehr zu erreichen. Der Alpakahof von Sarah und Andi Rüedi ist nicht weit von der Bushaltestelle entfernt.

Alpakas stammen ursprünglich aus den südamerikanischen Anden. Aus ihrer Wolle werden etwa Bettdecken, Schals oder auch kuschlig warme Socken hergestellt. Produkte, die man in Rüedis Hofladen kaufen kann. Andi verliebte sich bereits als Bub in die Tiere. Zwar stand lange ein Esel ganz oben auf seiner Wunschliste, als er dann aber Bekanntschaft mit Alpakas machte, war es um ihn geschehen, und das ist bis heute so geblieben.

Für den Spaziergang darf man sich sein Alpaka aussuchen. Hübsch sind sie alle, nehmen kann jeder und jede trotzdem nur eines. Wer die Wahl hat, hat die Qual. Während des Spaziergangs trotten die Alpakas brav am Strick hinter einem her, die Karte weist den Weg. Es geht ganz gemächlich durch Wiesen und Wälder. Die Alpakas sind leicht zu führen. Nur ab und zu versuchen sie, ein paar Gräser oder Kräuter am Wegesrand zu naschen. Die Aufmerksamkeit anderer Spaziergänger ist einem auf der Tour gewiss. Fast alle möchten die Alpakas streicheln oder fotografieren. Kaum jemand kann sich dem Charme der Tiere entziehen. Unterwegs gibt es immer wieder die Gelegenheit, eine Pause einzulegen und die Aussicht auf die Stadt Bern zu genießen. Zurück auf dem Hof fällt der Abschied schwer. Ein letztes Foto, dann dürfen die Alpakas wieder zur Herde. Auf die zweibeinigen Spaziergänger wartet zur Stärkung ein Zvieri, eine Brotzeit.

Alpaak Alpakas, Bernstraße 170, 3042 Ortschwaben, Tel. +41 (0) 79 453 49 93
www.alpaak.ch
ÖPNV: Postauto 104, 105, Haltestelle Außerortschwaben

Goldschätzchen im Untergrund

56 *Das Restaurant Kornhauskeller*

Glaubt man der Legende oder auch dem Gerücht, so lagert die Schweizer Nationalbank unter dem Bundesplatz haufenweise Goldbarren. Um diese geht es hier allerdings nicht, das Goldschätzchen im Untergrund ist ein anderes. Es befindet sich im Kornhaus mitten in Bern. Doch dazu später.
Das Kornhaus wurde Anfang des 18. Jahrhunderts erbaut. Wie es der Name vermuten lässt, diente das markante Gebäude der Stadt als Kornlager. Die kostbaren Getreidevorräte wurden in den drei Obergeschossen des Hauses aufbewahrt. Die Stadt wollte für allfällige Krisenzeiten gewappnet sein. Zudem wurden viele Beamte mit Getreide oder auch Wein bezahlt. Dieser lagerte im Keller des Kornhauses in großen Eichenfässern. Im offenen Erdgeschoss befand sich der Kornmarkt.
Mit Beginn des 19. Jahrhunderts wurde das Kornhaus umgenutzt. Nun war es Lagerraum, Kaserne und Flüchtlingsunterkunft, bis es 1895 schließlich umgebaut wurde. Ladenlokale, eine Poststelle und ein Gewerbemuseum hielten Einzug.
Heute sind in diesem Gebäude nicht nur die Kornhausbibliothek und das Kornhausforum untergebracht, sondern auch ein Café und im Untergeschoss das Restaurant Kornhauskeller. Wer nun an modrig feuchte Kellerräume denkt, liegt falsch. Der Kornhauskeller ist in seiner Pracht einzigartig. Trotz des fehlenden Tageslichts lädt er zum Innehalten und Genießen ein. Die Dimensionen sind beeindruckend, das Gewölbe ist mächtig. Die Anmutung im zweigeschossigen Lokal mit den hölzernen Galerien ist beinahe sakral. Wüsste man es nicht besser, könnte man sich tatsächlich in einer Kirche wähnen. Allerdings steht am Ende des Raums kein Altar, sondern ein vier Meter hohes Weinfass. Es erinnert an vergangene Zeiten und lässt die Geschichte aufleben. Damit es gut in das edle Ambiente passt, wurde es mit Gold ein wenig aufgehübscht. Nun thront es da, das Goldschätzchen des Kornhauskellers. Opulent zwar, aber nicht aufdringlich. Genau das richtige Maß Blingbling für die alten Gemäuer.

TIPP

Die Speisekarte im Kornhauskeller ist klein, aber fein, unbedingt probieren!

Restaurant Kornhauskeller, Kornhausplatz 18, 3011 Bern, Tel. +41 (0) 31 327 72 72
www.bindella.ch/de/kornhauskeller-galeriebar.html

ÖPNV: Tram 6, 7, 8, 9 sowie Bus 10, 12, 19, 30, Haltestelle Zytglogge

Gemüse ins Einmachglas

57 *Fermentiertes und Eingemachtes bei Strunk*

Magali Kniel und Fiona Bürgi sind Strunk. Bei Strunk landet Gemüse im Glas und wird haltbar gemacht. Was andernorts vielleicht im Abfalleimer landen würde, kommt bei Magali und Fiona ins Einmachglas. Die beiden Frauen haben dem Food Waste den Kampf angesagt, Lebensmittel werden restlos verwertet, nichts wird weggeworfen. Magali und Fiona legen Wert darauf, achtsam mit Lebensmitteln umzugehen. Alles, was bei Strunk auf dem Tisch oder in den Einmachgläsern landet, stammt von regionalen Produzenten.

Die beiden Unternehmerinnen haben mit Strunk ihr Hobby zum Beruf gemacht. Die beiden leidenschaftlichen Köchinnen zaubern in ihrem Lokal im Murifeldquartier mit alltäglichen Produkten Kreatives und Schmackhaftes. Strunk ist aber nicht etwa nur ein Ladenlokal, in dem man kaufen kann, was Magali und Fiona hergestellt haben. Strunk ist viel mehr als das. Es ist ein verstecktes Juwel in einem alten, charmanten Haus inmitten eines Wohnquartiers. Rein zufällig kommt hier kaum jemand vorbei. Wer den Weg an diesen Ort findet, ist auf der Suche nach einem Genusserlebnis. Das war schon früher so. Denn wo heute fermentiert und eingemacht wird, duftete es Jahre zuvor in der Confiserie Tschirren nach Schokolade, später in der Bäckerei Brotort nach frischem Gebäck. Den Ofen der Bäckerei benutzen Fiona und Magali heute, um Sauerteigbrot zu backen. Dieses Brot landet immer samstags auf dem Brunch-Buffet von Strunk, zusammen mit anderen hausgemachten Kreationen. Dazu gehören beispielsweise Butter gemixt mit Grünteepulver, Randen-Hirse-Hummus oder Knuspermüesli. Es ist ein farbenfroher Anblick. Das Lokal ist klein und gemütlich. In erster Linie ist es aber eine Manufaktur und nicht ein Restaurant, die Anzahl der Plätze ist beschränkt. Deshalb sollte man für den Brunch unbedingt reservieren oder zumindest anrufen, um sich nach freien Plätzen zu erkundigen. Fiona und Magali arbeiten vor allem auf Bestellung und bieten Caterings an. Außerdem gibt es im Strunk regelmäßig Kurse zu den Themen Fermentieren mit Hilfe von Milchsäurebakterien und Sauerteigbrot backen.

Strunk, Murifeldweg 24, 3006 Bern, Tel.+41 (0) 79 835 44 84
www.strunk.ch

ÖPNV: Tram 8, Haltestelle Weltpostverein

STRUNK
Manufaktur - Catering - Kulinarische Events

Klein, aber oho

58 *Wunderbare kleine Schanze*

Es gibt in Bern eine kleine und eine große Schanze. Hier geht es um die kleine. Es soll keine Beleidigung sein für die große. Die ist ebenfalls wunderbar und bietet einen tollen Ausblick. Trotzdem, ihrer kleinen Schwester reicht sie nicht das Wasser. Die hat einfach mehr zu bieten: Spazierwege, die durch eine englische Anlage mit Sträuchern und Ruhebänken führen, einen Musikpavillon, Kiesflächen fürs Pétanque-Spiel, eine große grüne Wiese mit Holzliegen sowie einen Trinkbrunnen und eine Wetterstation. Hinzu gesellt sich das Park Café und Restaurant „Kleine Schanze", ein Ort in Bern, auch als Milchbar bekannt. Auffällig und nicht zu übersehen ist das Weltpostdenkmal. Es erinnert daran, dass in Bern 1874 der Weltpostverein gegründet wurde. Seither ist Bern nicht nur die Bundeshauptstadt der Schweiz, sondern auch die Welthauptstadt der Post.

Der Weltpostverein ist die zweitälteste internationale Organisation und die einzige UNO-Organisation mit Sitz in Bern. Das tonnenschwere Denkmal aus Bronze und Granit wurde zwischen 1902 und 1909 vom französischen Bildhauer René de Saint-Marceaux errichtet. 60 Eisenbahnwagenladungen haben es von Paris nach Bern gebracht.

Saint-Marceaux hatte einen internationalen Künstlerwettbewerb gewonnen und sich mit seinem Projekt gegen mehr als 120 andere durchgesetzt. Sein Werk zeigt fünf Frauenfiguren, die sich an den Händen halten und um eine Weltkugel kreisen. Die Frauen symbolisieren die Kontinente. Sie überreichen einander Briefe. So erinnern sie an die Geburtsstunde des weltumspannenden, geordneten, postalischen Systems. Vorher, als einige wenige private Firmen den Postverkehr in Europa kontrollierten, waren die Zustände gelinde gesagt chaotisch. Unterhalb des Frauenreigens liegt eine weitere Figur. Es handelt sich um Berna. Sie ist die Repräsentantin der Stadt und die Geburtshelferin für den Weltpostverein.

Park Café und Restaurant Kleine Schanze, Bundesgasse 7, 3011 Bern, Tel. +41 (0) 31 311 23 04 www.kleineschanze.ch

ÖPNV: ab Bern Bahnhof zu Fuß in ca. zwei Minuten

ALE UNIVERSELLE

Ein bisschen Berg muss sein

59 *Einfache Wanderung auf den Bantiger*

Die Alpen sind in Bern omnipräsent. Immer wieder lässt sich ein Blick auf die verschneiten Gipfel des Berner Oberlands erhaschen, an Tagen mit guter Fernsicht scheinen die mächtigen Berge oft fast zum Greifen nah. Der Schein trügt, die Fahrt ins Berner Oberland dauert eine ganze Weile. Bis nach Grindelwald am Fuß des Eigers sind es gut anderthalb Stunden Fahrzeit mit dem Auto.

Wer für eine solche Fahrt nicht genügend Zeit hat, aber trotzdem wandern möchte, kann den Bantiger erklimmen. Der ist nur eine knappe halbe Stunde von Bern entfernt. Es geht dort zwar nicht so hoch hinaus wie in den Bergen des Berner Oberlandes, aber immerhin überragt der Bantiger mit seinen 947 Metern alles in seiner Umgebung. Wer dann auch noch auf den 196 Meter hohen stecknadelähnlichen Sendeturm kraxelt, wird mit einer grandiosen Rundumsicht belohnt.

Den Bantiger erreicht man nur zu Fuß oder mit dem Fahrrad. Als Startpunkt bietet sich der Parkplatz beim Landgasthof Alpenblick in Ferenberg an. Von dort führen verschiedene Wege ans Ziel. Man sollte für die Rundwanderung gut drei Stunden Zeit mitbringen.

Wer nicht mit dem Auto, sondern mit den öffentlichen Verkehrsmitteln unterwegs ist, muss bereits ab Bolligen zu Fuß gehen. Bis dorthin fährt ein Vorortzug. Die Wanderung verlängert sich dadurch um etwa eine Dreiviertelstunde. Die Wege sind sehr gut ausgeschildert. Man braucht nur den gelben Schildern zu folgen, natürlich immer in Richtung Bantiger. Ob via Chatzestyg oder Chohlegruebe ist egal, Hauptsache aufwärts. Manchmal ist es ganz schön steil.

Der Sendeturm auf dem Bantiger wurde 1997 eingeweiht. Auf knapp 34 Metern Höhe befindet sich eine Aussichtsplattform, die über eine Außentreppe zugänglich ist. Gefährlich ist es nicht, schwindelfrei sollte man allerdings sein. Wer es wagt, genießt bei wolkenlosem Himmel eine Panoramasicht auf die umliegenden Berner Alpen, die Gantrischkette, die Stadt Bern und auf den Jura. Zurück geht es auf demselben Weg bis zum Parkplatz beim Landgasthof Alpenblick.

Bantiger, Radio- und Fernsehsendeturm
www.swisscom.ch/de/business/broadcast/ueber-uns/sendestandorte.html

Landgasthof Alpenblick, Ferenberg, 3066 Stettlen, Tel. +41 (0) 31 931 40 07, www.ferenberg.ch

ÖPNV: Regionalverkehr Bern-Solothurn RBS, S7 Haltestelle Bolligen

Bern kann auch anatolisch

60 *Türkisches Fast Food im Kiosk Falafingo*

Im Lorrainequartier ist vor nicht allzu langer Zeit aus einem ehemaligen Kiosk ein türkisches Lokal entstanden. Es heißt Falafingo. Dass es gefühlt kaum größer ist als eine Streichholzschachtel, macht seinen ganz besonderen Charme aus. Auf kleinster Fläche ist jedes Detail liebevoll und bunt gestaltet. Alles wirkt vertraut, und doch ist es exotisch genug, um ein wenig Ferienstimmung aufkommen zu lassen. Drinnen und draußen gibt es ein paar kleine Tischchen und Hocker. An schönen Tagen sitzt man draußen mittendrin im Leben. Herrlich lässt sich das Geschehen auf der Quartierstraße beobachten. Die vorbeieilenden Menschen lassen Geschichten im Kopf entstehen. Wohin sie wohl unterwegs sind?
Bald schon dampft auf dem Tischchen vor einem ein türkischer Tee oder ein starker Mokka. Schnell gesellen sich verschiedene anatolische Köstlichkeiten hinzu. Zum Frühstück etwa landen zahlreiche Schalen und Teller auf dem Tisch. Schon beim Anblick der Sesamkringel läuft das Wasser im Mund zusammen. Angeregt wird die Speichelproduktion zusätzlich durch Früchte, Tomaten, Gurken und Oliven sowie anatolischen Käse, Eier in der Pfanne, selbst gemachte Marmelade sowie Honig mit einer Art Joghurt. Fragen zu den einzelnen Speisen werden gerne und ausführlich beantwortet, nicht alle wissen, was Börek und Simit sind. Wer nicht zum Frühstücken ins Falafingo gekommen ist, findet auch tagsüber zahlreiche leckere Speisen auf der Karte. Beispielsweise Gözleme, ein mit Kartoffeln gefülltes Fladenbrot, Linsensuppe oder einen Saisonsalat. Alles ist hübsch angerichtet. Es lohnt sich, einen Happen oder zwei vom Teller des Gegenübers zu stibitzen. Für den süßen Zahn gibt es türkische Desserts, Baklava darf natürlich nicht fehlen.
Emrah Tüysüz und Marion Ingold führen das Falafingo. Emrah, der bei seiner Mutter kochen gelernt hat, sagt, was im ehemaligen Kiosk auf den Tisch komme, sei Fast Food. Er meint damit alles, was in weniger als drei Stunden zubereitet ist.

Kiosk Falafingo, Quartiergasse 31, 3013 Bern, Tel. +41 (0) 77 468 94 34
ÖPNV: Bus 20, Haltestelle Lorraine

KIOSK
falafingo
Coca-Cola
enjoy
Kiosk Lorraine
Coca-Cola
Cam
cama
degil
can
cana
Time
for
Siesta
Bis am 17:00
Danke

Entspannt übers Wasser

61 *Eine Schifffahrt auf dem tiefblauen Thunersee*

Von Bern ist man mit dem Zug in etwa 20 Minuten in Thun. Die Stadt am See ist als Tor zum Berner Oberland bekannt. Einen Rundgang durch die Altstadt, hoch zum Schloss oder in den Schadaupark sollte man unbedingt machen, wenn man schon mal hier ist. Wunderbar ist eine Schifffahrt auf dem Thunersee. Sie wirkt nicht nur entschleunigend, sondern ist auch entspannend und erholsam. Nicht einmal mit einer Meditation käme man besser zur Ruhe. Der Wind weht durch die Haare, die Sonne kitzelt die Nase, am Schiffsbug schäumt das Wasser, die Gedanken nehmen ihren freien Lauf. Links und rechts ziehen großartige Berglandschaften und idyllische Dörfer vorüber. Besonders der Niesen sticht ins Auge. Der Berg sieht aus wie eine Pyramide. Das Panorama ist atemberaubend.

Der tiefblaue Thunersee ist der größte See im Berner Oberland. Die Schiffe verkehren das ganze Jahr über zwischen Thun und Interlaken, im Winter allerdings nur einmal täglich. Die Fahrt dauert etwa zwei Stunden. Interlaken gilt als Destination Nummer 1 für sportliche Erlebnisse wie Gleitschirmfliegen oder River Rafting, und auch sonst mangelt es nicht an touristischen Angeboten.

TIPP Von Mai bis Oktober fährt zweimal täglich ein nostalgisches Dampfschiff über den See.

Während der Fahrt über den Thunersee steuert der Kapitän immer wieder eine Schifflände, also einen Schiffsanleger, in malerischen Ortschaften an. Es lohnt sich, bei einem der fünf Schlösser am Thunersee einen Zwischenstopp einzulegen und die prächtigen Parkanlagen zu erkunden. Für Verpflegung ist an Bord gesorgt. Von Frühling bis Herbst verkehren täglich ein Frühstücks- und ein Mittagsschiff. Außerdem gibt es kulinarische Schifffahrten. Am Sonntagmorgen etwa sticht jeweils das Brunch-Schiff in den See. An lauen Sommerabenden begibt sich das Lounge-Schiff ab Thun auf eine Rundfahrt. Auf der Karte stehen Speisen vom Grill und Salate, zum Dessert gibt es den Sonnenuntergang. Bald schon ziehen die Lichter am Seeufer vorbei. Im Winter, wenn draußen Schnee liegt, ist das Fondue-Schiff unterwegs. Ganz unabhängig von der Jahreszeit ist eine Schifffahrt auf dem Thunersee ein bleibendes Erlebnis, eine Wohltat für die Seele.

Thunersee, BLS Schifffahrt, Schiffsgastronomie, Tel. +41 (0) 58 327 48 11
www.bls.ch

ÖPNV: S-Bahn S1, S4 sowie IC oder Regionalzüge ab Bern Hauptbahnhof bis Thun

Ein Traum wird wahr

62 *Restaurierte Möbel im kleinen Bröckli*

Was von außen aussieht wie eine Garageneinfahrt, ist in Tat und Wahrheit das Tor zu einer Schatzkammer. Hinter der Tür verbergen sich in der alten Autowerkstatt allerdings nicht Gold und Silber, sondern Antiquitäten: Schränke, Kommoden mit -zig Schubladen, Stühle, Spiegel, Krüge und Dosen, Lampen und Geschirr. Die Seele des „Kleinen Bröckli“, wie der Laden heißt, ist Myriam Jebli. Die gebürtige Marokkanerin ist in Frankreich aufgewachsen. Verhehlen kann und will sie das nicht. Das Bröckli ist „très français“. Nicht nur, weil im Hintergrund oft Edith Piaf singt, sondern weil auch die ausgestellten Möbel und die anderen Gegenstände an Ferien in der Provence erinnern. Fast meint man, den Lavendel zu riechen.

Myriam Jebli ist oft in Frankreich unterwegs. Sie besucht Trödelmärkte und stöbert in Antiquitätenläden. Immer hält sie Ausschau nach Kostbarkeiten, die ins Sortiment ihres Bröckli passen. Ramsch kommt ihr nicht ins Haus, was sie verkauft, hat Stil.

Möbel zu restaurieren, war immer Myriam Jeblis Traum. 2010 fand sie am Turnweg im Lorrainequartier ein kleines Zimmer, wo sie ihren Traum umsetzen konnte. Sie putzte, strich die Wände, holte ihre Sachen aus Dachgeschoss und Keller und richtete das kleine Bröckli, wie sie es nannte, ein. Mittlerweile ist zum kleinen Zimmer die gesamte ehemalige Autowerkstatt hinzugekommen. Nun ist mehr Platz für all die Schätze.

An der Straße weist ein Schild den Weg zum kleinen Bröckli. Eigentlich unnötigerweise, denn ein Geheimtipp ist der Laden schon längst nicht mehr. Die Leute lieben Myriam Jeblis französischen Landhausstil. Fast jede Woche gibt es Neues zu entdecken.

Ist das Gesuchte nicht im Angebot, lässt sie den Kunden nicht im Regen stehen, sondern sucht so lange danach, bis sie es findet, auch wenn es ein halbes Jahr oder länger dauert. Ihr liegen die Kunden genauso am Herzen wie die Möbel, denen sie ein zweites Leben einhaucht.

Das kleine Bröckli, Turnweg 29, 3013 Bern, Tel. +41 (0) 79 509 81 12
www.daskleinebroeckli.ch
ÖPNV: Bus 20, Haltestelle Lorraine

Lebensretter auf vier Pfoten

63 *Hund Barry im Naturhistorischen Museum*

Barry ist eine Legende auf vier Pfoten. Braun-weiß sein Fell, treuherzig seine Augen, unglaublich seine Geschichte. Der gutmütige Bernhardinerhund rettete dank seiner ausgezeichneten Nase über 40 Menschen aus Bergnot. Von 1800 bis 1812 lebte er im Hospiz auf der Passhöhe des Großen Sankt Bernhard an der Grenze zu Italien. Seinen Lebensabend verbrachte Barry in Bern.
Dort ist er noch immer zu sehen. Präpariert steht er in einer goldenen Vitrine im Naturhistorischen Museum im Kirchenfeldquartier. Er ist so berühmt und vor allem so beliebt, dass er 2014 eine Dauerausstellung erhielt. Jedes Kind kennt Barry, legendär sind die Geschichten, die man sich über ihn erzählt. Etwa wie er einen halb erfrorenen Jungen auf seinem Rücken in Sicherheit brachte. Oder wie ihn ein Soldat Napoleons für einen Wolf hielt und auf ihn einstach.
Nach seinem Tod im Jahr 1814 wurde Barry ausgestopft. Ein Professor für Naturgeschichte schrieb, es sei tröstlich, zu denken, dass dieser treue Hund nicht so bald vergessen sein werde. Der Mann ahnte wohl nicht, wie populär Barry noch mehr als 200 Jahre später sein würde.
Allerdings ist das Präparat von Barry nicht mehr im Originalzustand. 1923 wurde es ganz neu nachgebildet. Präparator Georg Ruprecht streckte Barrys Beine und hob seinen Kopf an. So korrigierte er die etwas demütige Haltung des Hundes und ließ das Tier nobler und vor allem heldenhafter aussehen. Das Fell ist noch immer echt. Die Barry gewidmete Dauerausstellung erklärt nicht nur die Geschichte des Hundes, sie wirft auch einen Blick auf das Hospiz zum Großen Sankt Bernhard und vergleicht die Bergrettung vor 200 Jahren mit jener von heute.
Über Barry wurden Bücher geschrieben und Filme gedreht. Vor allem in Asien ist der Hund sehr populär. Bestimmt war Barry nicht der einzige Bernhardiner vom Großen Sankt Bernhard, der damals Menschenleben rettete. Aber auf ihn konzentrieren sich nun all die guten Taten.

TIPP Ein weiteres Museum im Quartier besuchen, etwa das Alpine oder das Historische.

Barry, Naturhistorisches Museum, Bernastraße 15, 3005 Bern, Tel. +41 (0) 31 350 71 11
www.nmbe.ch
ÖPNV: Tram 6, 7, 8, Bus 19, Haltestelle Helvetiaplatz

Unter Kastanienbäumen

64 *Oh, wie schön ist's auf der Pläfe*

Wollen wir uns auf der Pläfe treffen? Wo? Auf der Pläfe! Ratlose, fragende Blicke von Ortsunkundigen sind die einzige Antwort. Treffen würde man sich ja gerne. Aber wo bitte ist die Pläfe? Auf der Stadtkarte ist sie schlicht nicht zu finden. Nun, die Pläfe, das ist die Münsterplattform. Hier trifft sich Jung und Alt unter den Schatten spendenden Kastanienbäumen. Kinder toben zwischen den Stämmen umher, ältere Herren spielen Boule. Paare halten Händchen und schauen sich tief in die Augen, andere genießen die atemberaubende Aussicht auf die Aare, die Alpen und das Mattequartier.

Der Blick über die Balustrade aus Sandstein auf der rechten Seite der Münsterplattform ist bezaubernd. Dort sieht man hinunter in den Stiftsgarten, eine Gartenoase, nein, ein Gartenparadies, inmitten des UNESCO-Welterbes. Unglaublich, was dort unten alles blüht und gedeiht: Obstbäume, Sträucher, Reben, Kräuter und Blumen in Hülle und Fülle. Es ist kaum vorstellbar, dass der Garten noch vor ein paar Jahren völlig verwildert war. Mit viel Fleiß entstand aus dem Wildwuchs einer der wohl schönsten Gärten der Schweiz. Wem der Blick von oben nicht genügt, kann sich auf der Webseite des Stiftsgartens über Öffnungszeiten und Führungen sowie mögliche Veranstaltungen schlau machen.

Der Ausblick auf der linken Seite der Münsterplattform ist übrigens auch nicht zu verachten. Dort sieht man hinunter auf die Dächer des Mattequartiers und auf die Gärten, die zu den Häusern der Junkerngasse gehören. Geradeaus geht der Blick über die Sandsteinbalustrade hinunter zur Aare, auch nicht schlecht! Kurz zusammengefasst lässt sich also sagen, egal wo man sich am Rande der Pläfe hinstellt, man kann nichts falsch machen. Links und rechts an der Münsterplattform stehen zwei Eckpavillons. Der eine ist ein Lese- und Spielpavillon mit Zeitschriften, Comics, Büchern, Spielsachen und Fahrzeugen. Der andere ist das Café „Einstein au Jardin". Dort gibt es frische, unkonventionelle Speisen.

Münsterplattform, Münsterplattform 9, 3011 Bern, Tel. +41 (0) 31 312 04 62 www.bernermuenster.ch

Einstein au Jardin, Münsterplattform, 3011 Bern, Tel. +41 (0)31 312 28 28, www.einstein-jardin.ch

ÖPNV: Bus 12, Haltestelle Rathaus

Das Wunder von Bern

65 *Fußballstadion Stade de Suisse*

Am 4. Juli 1954 wurde hier deutsche Fußballgeschichte geschrieben. Damals holte die Nationalmannschaft im Wankdorf-Stadion den Weltmeistertitel. Im Dauerregen unter widrigsten Bedingungen setzten sich die deutschen Fußballer mit 3:2 gegen das als unschlagbar geltende Ungarn durch. Die Menschen im Nachkriegsdeutschland verfielen in einen kollektiven Freudentaumel. Das Wunder von Bern war geboren. Bis heute erinnert die damalige Stadion-Uhr von Longines an dieses Ereignis. Die Uhr steht auf dem Platz vor dem Stadion. Sie wurde dort aufgestellt, nachdem das alte Wankdorf-Stadion abgerissen und Anfang der 2000er-Jahre durch das Stade de Suisse ersetzt wurde. Auf der einen Seite der Uhr ist ein altes Schwarz-Weiß-Bild mit dem Resultat des WM-Finals zwischen Deutschland und Ungarn zu sehen. Auf der anderen Seite zeigt die Uhr seit April 2018 jenes Resultat, das die Fans der Berner Young Boys in einen wahren Glücksrausch versetzte. Es ist das 2:1 gegen Luzern, mit dem sich die Berner zum ersten Mal seit 32 Jahren den Schweizer Meistertitel sicherten. Die Freude nach dem Schlusspfiff war schier grenzenlos. Es schien, als sei nach langen Jahren des Wartens endlich ein Fluch gebannt. Wer Fußball liebt, sollte bei Gelegenheit ein Spiel von YB besuchen. Die Jungs sind wirklich gut. Außerdem ist die Stimmung im Stadion eine ganz besondere. Sie ist aufgeladen, die Luft scheint zu vibrieren, die Menge steht unter Strom. Dann, wenn Tausenden der Atem stockt, wenn die Trommeln erklingen und die Fangesänge anheben, ist Gänsehaut garantiert. Die Begeisterung der Menge ist ansteckend. Es spielt keine Rolle, ob man ein Fan ist oder nicht allzu viel mit Fußball am Hut hat. Man braucht nicht zu wissen, was ein Elfmeter oder ein Freistoß ist. Vielmehr geht es um die Atmosphäre im Stadion. Wer sich darauf einlässt, erlebt vielleicht ein kleines Wunder.

Stade de Suisse, Papiermühlestraße 71, 3000 Bern, Tel. +41 (0) 31 344 88 88
http://events.bscyb.ch/de/home

ÖPNV: Tram 9, Haltestelle Wankdorf Center, S-Bahn, Haltestelle Wankdorf, RBS Bus 40

LONGINES
2
3
Ungarn
Deutschland
CONTAINER.CH
ELEVEN

Ein vertikaler Garten

66 *Der Meret Oppenheim Brunnen*

Auf dem Waisenhausplatz steht ein ganz besonderer Brunnen. Eine acht Meter hohe Steinsäule, die mal mehr und mal weniger mit Moos und Gräsern überwachsen ist. Ein Brunnen wie ein Garten. Verwunschen steht er da und erinnert ein wenig an einen alten, knorrigen Baum. Im Sommer plätschert das Wasser über das Grün. An frostigen Wintertagen verwandeln Eiszapfen die bewachsene Säule in eine hübsche Eisskulptur. Die Surrealistin Meret Oppenheim hat den Brunnen geschaffen. Im Jahr 1983 wurde er eingeweiht. Das Werk erhitzte die Gemüter mancher Bernerinnen und Berner. Sie fanden Oppenheims Werk einfach nur abstoßend. Einige erkannten in der kahlen Steinsäule einen ausgestreckten Mittelfinger. Andere bezeichneten das Kunstwerk als Schandmal, Pissoir oder Fabrikschlot. Sie forderten, dass der Brunnen versetzt wird. Glücklicherweise fanden sie kein Gehör. Der Brunnen blieb und war bald nicht mehr kahl und grau. Auf den Wasserspiralen, welche die Säule umgeben, zeigte sich schnell das erste Grün. Der Brunnen entwickelte sich tatsächlich zum Garten. Die erhitzten Gemüter beruhigten sich. Viele staunten, wie sich der Brunnen entwickelte. Wer ihn noch nie gesehen hatte, mochte kaum glauben, welches Kunstwerk der Natur hier über die Jahre entstanden war. Mit den Jahren waren durch das kalkhaltige Wasser große Tuffsteingebilde an der Säule. Ein neuer Streit entbrannte. Nun musste entschieden werden, ob man den Brunnen säubern oder der Natur ihren Lauf lassen sollte. Meret Oppenheim konnte die Frage nicht mehr beantworten, sie lebte nicht mehr. Man entschied sich schließlich für einen Kompromiss und entfernte 2013 nur einen Teil der Moose und des Kalks. Auf Oppenheims Brunnen sollte weiterhin gepflegter Wildwuchs herrschen. Die Steinsäule darf sich wandeln, darf Teil der Stadt sein und bleiben. Kaum jemand regt sich noch über das Kunstwerk auf. Viele sind unterdessen sogar stolz auf das bizarre Gebilde, über das es so viel zu reden gab. Der Brunnen ist zum Symbol des Wachsens und des Lebens geworden.

Meret Oppenheim Brunnen, Waisenhausplatz, 3011 Bern
ÖPNV: Tram 6, 8, 9, Bus 7, 10, 12, 19, Haltestelle Bärenplatz

GYMNASIUM
PROGR

67 Schaulaufen und Aareschwimmen im Marzilibad

Das Bad ist eine Diva. So schön wie im Marzilibad schwimmt es sich in Bern nirgendwo sonst. Eingebettet in das Aare-Ufer mit Blick auf das Bundeshaus weiß es um seinen Kultstatus und hat gewisse Ansprüche. Hier gehen viele schöne Menschen ein und aus, zeigen ihre trainierten Körper und heimsen bewundernde Blicke ein. Der Weg ist ein Laufsteg, die Liegewiese ein Präsentierteller. Im Marzilibad ist rund um die Uhr Showtime. Es gibt immer etwas zu sehen, vor allem natürlich im Sommer. Dann strömen Einheimische in Scharen ins Marzili, um ihrem liebsten Hobby zu frönen, dem Aareschwimmen. Auswärtige gesellen sich dazu. Längst hat es sich herumgesprochen, wie aufregend ein Bad in der Aare sein kann. Rasch ist auf der Wiese ein Platz fürs Badetuch gefunden, auch die Kleider werden deponiert. Und schon geht es mit all den anderen, die nichts mehr lieben, als das Bad in der Aare, flussaufwärts in Richtung Eichholz. Dort, oder auch früher, steigt man ins kühle Nass und lässt sich zurück ins Marzili treiben. Es ist ein Gefühl, das sich kaum beschreiben lässt, man muss es selbst erleben, dieses Dahingleiten im Wasser. Bald kommt das Bundeshaus ins Blickfeld, das Ende des losgelösten Treibens im Fluss ist in Sicht. Unter Wasser knirschen Kieselsteine. Sie spielen ihre ganz eigene Musik.

Neuerdings führt ein Kanal von der Aare direkt ins Marzilibad, genauer gesagt ins Bueberseeli. Diese Ecke im unteren Teil des Bades wurde vor nicht allzu langer Zeit neu gestaltet. Die morschen Holzstege und der bröckelnde Beton sind einem neuen Steg gewichen. Hübsch sieht es aus. Das Marzilibad ist eines der größten und meistbesuchten Freibäder in der Schweiz mit einem Schwimm-, Kinder- und Sprungbecken. Mitte der 1960er-Jahre erlangte es nationale Berühmtheit, weil sich die ersten Schweizerinnen mit nacktem Busen sonnten. Ausgerechnet unterhalb des Bundeshauses, dem Parlament! Ein Skandal! Alles halb so schlimm. Etwa 1976 setzte sich „oben ohne" durch. Das Protestgeschrei hatte ein Ende. Heute tragen alle wenig Stoff, machen Selfies und setzen sich in Szene. Langweilig wird es im Marzili nie.

Marzilibad, Marzilistraße 29, 3005 Bern, Tel. +41 (0) 31 311 00 46
www.sportamt-bern.ch/sportanlage/marzili
ÖPNV: Marzilibahn, Haltestelle Marziliquartier

Freitag ist Glückstag

68 *Lebensfreude am First Friday in Biel*

Biel steht zu Unrecht ein wenig im Schatten der größeren Stadt Bern. Zu Unrecht, weil die Stadt im Seeland ihren ganz eigenen Charakter und unglaublich viel Charme hat. Biel ist eine Welt für sich. Nur eine halbe Zugstunde von Bern entfernt, wartet ein anderer Lebensstil. Die Stadt, die ziemlich genau auf der deutsch-französischen Sprachgrenze angesiedelt ist, gibt sich offen, kreativ und multikulturell. Hier fühlen sich kreative Köpfe und Künstler wohl. Wie tolerant und liberal Biel ist, zeigt sich ganz besonders an jedem ersten Freitag im Monat, dem First Friday. Dann strömen jeweils Hunderte Besucherinnen und Besucher in die Bieler Altstadt, um gemeinsam mit Freunden und Fremden ein paar schöne Stunden zu verbringen. Biels Altstadt gilt als eine der schönsten der Schweiz. Am First Friday präsentiert sie sich von ihrer besten Seite. Kaum zu glauben, dass dieser Ort während vieler Jahre nahezu ausgestorben war. Kaum jemand verirrte sich in die historischen Gassen. Erst durch den First Friday wurde die Altstadt wieder zum Leben erweckt.

Nun zeigt sie jeweils ab 17 Uhr ihre ganze Schönheit. Boutiquen und Shops öffnen ihre Türen bis 22 Uhr. In einigen Läden und in den Gassen finden Konzerte statt. Theater, Galerien, Restaurants und Bars sorgen für Unterhaltung bis spät in die Nacht. Die Stimmung ist friedlich und ganz und gar einzigartig.

Hinter dem Konzept stecken drei Freunde, allesamt aus Biel und der Umgebung. Einer von ihnen brachte die Idee des First Friday von einem Surftrip auf Hawaii mit nach Hause. Zusammen adaptieren sie das Ganze für schweizerische Verhältnisse. Das heißt so viel wie, dass Lokale, Theater, Restaurants und Bars entscheiden, was für ein Programm sie bieten wollen. Die Organisatoren erledigen den bürokratischen Teil, kümmern sich um das Marketing und übernehmen anfallende Gebühren. Besucherinnen und Besucher bedanken sich für das große Engagement mit guter Laune und einem fröhlichen Lächeln, jeden ersten Freitag im Monat.

First Friday Biel, Ländtestraße 5, 2501 Biel/Bienne, Tel. +41 (0) 76 451 31 23
www.firstfriday.ch

ÖPNV: S-Bahn Bern-Biel, Haltestelle Biel, dann Bus 1, 5, 6, 8, Haltestelle Mühlebrücke

69 *Das Gastro- und Filmlokal Cinématte*

Kino und Restaurant am Fluss, das ist die Cinématte. Es befindet sich in schönster Lage im Mattequartier. Vor den Fenstern fließt die Aare vorbei. Man könnte hineinspringen, so nahe ist das Wasser. Wer die Cinématte betritt, fühlt sich sofort in eine andere Welt versetzt. In eine Welt des Genießens und des Sich-gut-gehen-Lassens. Mit der Kombination von Kino und Restaurant bietet Cinématte für Bern etwas Einmaliges, nirgendwo sonst gibt es solch einen kulturellen und gastronomischen Mix. Die Speisekarte ist klein und saisonal, die Küche angelehnt an die klassische französische Kochkunst. Alles wird frisch zubereitet, im Zentrum der Feinschmeckerküche steht das abendliche Vier-Gänge-Menü, das mit viel Liebe kreiert und mit einigem Aufwand kredenzt wird.

Restaurant und Kino sind zwar finanziell voneinander unabhängig, nutzen aber Synergien. Das ist toll. So kann man draußen erst in Ruhe einen Aperitif nehmen, danach ins Kino gehen und anschließend gediegen essen. Die Bar für den Schlummertrunk ist auch vorhanden. Dass Kultur und Kulinarik in der Cinématte so gut harmonieren, ist nur möglich, weil sich Restaurant und Kino keine Konkurrenz machen, sondern sich ergänzen. Guter Zusammenarbeit sei Dank.

Im Kinosaal flimmert allerlei über die Leinwand. Etabliert hat sich Cinématte als Ort, wo einheimische Regisseure ihre neuen Werke zeigen oder Filme, die im regulären Kinoprogramm nur kurz zu sehen waren, eine zweite Chance erhalten oder wo es thematische Zyklen gibt.

Die Cinématte hat bewegte Zeiten hinter sich. Mehr als einmal wurde sie von einem Hochwasser in Mitleidenschaft gezogen. 2005 war es besonders schlimm. Damals wälzte sich die Aare braun und schlammig durch das Mattequartier, riss alles mit, was nicht niet- und nagelfest war. In der Cinématte stand das Wasser im Kinosaal über einen Meter hoch. Ein halbes Jahr lang ging nichts mehr. Kurz stand die Überlegung im Raum, mit der Cinématte an einen hochwassersicheren Ort umzuziehen. Glücklicherweise wurde die Idee beerdigt. Die Cinématte gehört ganz einfach ins Mattequartier. Ciné ohne Matte geht genauso wenig wie Matte ohne Ciné.

Cinématte, Wasserwerkgasse 7, 3011 Bern, Tel. +41 (0) 31 312 21 22
www.cinematte.ch
ÖPNV: Bus 12, Haltestelle Nydegg, Senkeltram/Mattelift

atte
taurant · bar kino
cinématte

Ostafrika liegt im Breitenrain

70 *Äthiopisches Essen im Quartier-Treffpunkt*

In Bern äthiopisch zu essen, mag nicht gerade naheliegend sein, glücklich macht es indes allemal. Denn was im Breitsch Träff auf den Tisch kommt, ist schlicht und ergreifend lecker. Der Breitsch Träff, das ist ein Quartier-Treffpunkt. Dort wird jeden zweiten und vierten Freitag im Monat äthiopisch gekocht. Hinter den Pfannen und Töpfen steht Eskedar Mengesha. Sie ist in Eritrea geboren und bei einer Pflegefamilie in Äthiopien aufgewachsen. Wegen des Kriegs zwischen Eritrea und Äthiopien kam sie in die Schweiz. Heute lebt sie in einem Vorort der Stadt Bern. Eskedar Mengesha sagt, Kochen sei ihre große Leidenschaft. Daran besteht kein Zweifel. Schon der Duft im Breitsch Träff ist betörend, und spätestens beim ersten Bissen merkt man, wie viel Sorgfalt in den Speisen steckt.
Die äthiopische Esskultur ist einmalig. Viele verschiedene Fleisch- und Gemüsegerichte werden gemeinsam mit einem weichen Fladenbrot aus Sauerteig serviert und mit der Hand gegessen. Das Fladenbrot, genannt Injera, ist sehr dünn und wird traditionell aus Teffmehl hergestellt. Teff wird auch Zwerghirse genannt und gilt als wahres Powerkorn. Im Breitsch Träff bei Eskedar Mengesha kann man am Buffet selber auswählen, was zu dem Injera auf den Teller kommt. Die Auswahl variiert von Mal zu Mal. Beispielsweise könnte es ein Eintopf sein mit Spinat und Kartoffeln oder geschmortes Rinderfleisch mit Tomaten, Zwiebeln und Paprika oder Lammragout mit Zwiebeln, Knoblauch, Kurkuma an einer Linsensauce. Die äthiopische Küche ist sehr würzig, einige Speisen können auch ziemlich scharf sein. Wer dies nicht mag, sollte einfach fragen, milde Alternativen gibt es genügend. Zum Essen reißt man Stücke vom Fladenbrot ab und greift sich damit eine mundgerechte Portion der Speisen. Ein wahrlich sinnliches und ungewohntes Vergnügen. Selbstverständlich kann auch zu Messer und Gabel gegriffen werden. Hauptsache es schmeckt.

Quartierzentrum Breitsch Träff, Breitenrainplatz 27, 3014 Bern, Tel. +41 (0) 31 331 36 46
www.breitsch-traeff.ch
ÖPNV: Tram 9, Haltestellen Breitenrain

BREITSCH·TRÄFF

Ausgetretene Stufen

71 *Auf der Nydeggtreppe entstehen Geschichten*

Es gibt viele Treppen in Bern. Zwar ist die Stadt nicht gerade wie Rom auf sieben Hügeln erbaut, flach ist es aber auch nicht. Von der Aare hinauf in die Altstadt führt kein Weg an einem mehr oder weniger steilen Hang vorbei. Wer sich nicht anstrengen mag, findet zwar hie und da bequeme Alternativen zum Fußmarsch, beispielsweise das Senkeltram in der Matte oder die Drahtseilbahn im Marzili, ohne Treppensteigen geht es aber kaum.

Eine der zentralsten ist die Nydeggtreppe. Sie führt von der Nydeggbrücke am Ende der Unteren Altstadt hinunter ins Mattequartier. Beim Gang über ihre hölzernen, ausgetretenen Stufen kommt man schnell einmal ins Grübeln. Was erzählen diese Stufen? Was haben sie gesehen und erlebt? Im Kopf entstehen Geschichten.

Die Treppe wurde 1858 errichtet. Sie ersetzte ihre viel ältere Namensschwester, die abgebrochen wurde, als die Nydeggbrücke gebaut wurde. Die hölzerne Treppe ist gedeckt, wie so viele andere Treppen in Bern auch. Beim Gang hinunter öffnet sich auf der rechten Seite der Blick in die Hinterhöfe der Matte. Dort ist es erstaunlich grün, Blumen schmücken die kleinen Balkone, hie und da ertönt Musik aus einem geöffneten Fenster. Doch aufgepasst! Die Nydeggtreppe hat es in sich. Nicht etwa, weil es besonders anstrengend ist, hinauf- oder hinunterzugehen, aber die 157 ungleichen Stufen verlangen Koordination und ein wenig Konzentration. Die vielen Jogger, die die Treppe fürs Intervalltraining nutzen, ignorieren dies gekonnt. Rhythmisch schnaufend und mehr oder weniger leichtfüßig kommen sie einem entgegen, um oben gleich wieder kehrtzumachen. Jedem das Seine.

Ehrlicherweise muss gesagt sein, dass die meisten Berner Treppen für die Nase kein Genuss sind. Die Nydeggtreppe macht da keine Ausnahme, in manchen Ecken müffelt es. Aber auch wenn es nicht nach Rosen duftet, sollte man sich den Charme der Treppe nicht entgehen lassen. Es wäre schade um die Geschichten im Kopf.

Nydeggtreppe, Nydegggasse/Gerberngasse, 3011 Bern
ÖPNV: Bus 12, Haltestelle Nydegg

Selfietime vor Bergkulisse

72 *Erinnerungsfotos auf der Bundesterrasse*

Es gibt in Bern einige Orte, die einen fantastischen Blick auf die Stadt gewähren. Fast alles sind es Glücksorte, keiner davon gleicht dem anderen. Jede Aussicht ist einzigartig, auch jene von der Bundesterrasse. Hier richtet sich der Blick aufs Freibad Marzili, die Aare und den Gurten. Herrlich! Kein Wunder, dass es einer der meistbesuchten touristischen Orte in Bern ist. An schönen Tagen ist die Fernsicht geradezu grandios, die Berge in der Ferne sind gestochen scharf. Nicht nur Eiger, Mönch und Jungfrau kommen mit aufs Erinnerungsfoto, sondern gleich auch noch das Schreckhorn und das Wetterhorn. Die Bundesterrasse wurde vor nicht allzu langer Zeit umgestaltet. Nicht allen gefiel, was geplant war. Köpfe wurden geschüttelt, Kritik wurde laut. Heute ärgert sich kaum mehr jemand über die exakt angeordneten Bäume und den etwas holprigen Gussasphalt. Wer wird denn auch auf solche Nebensächlichkeiten achtgeben, wenn die Kulisse und der Blick in die Ferne so grandios sind. Die Bundesterrasse bildet zusammen mit Bundeshaus und Bundesplatz so etwas wie das Herz der Stadt oder gar der Schweiz. Schließlich ist das Bundeshaus der Sitz der Regierung und des Parlaments der Schweizerischen Eidgenossenschaft. Viermal pro Jahr kommen die Parlamentarierinnen und Parlamentarier zusammen, um gemeinsam zu politisieren und wichtige Entscheidungen für das Land zu fällen. Während dieser Sessionen kommt es ab und zu vor, dass ein Ständerat oder eine Nationalrätin zwischen den Debatten auf der Bundesterrasse ein wenig frische Luft schnappt oder sich die Beine vertritt. Verständlich, wenn man weiß, auf welchen Stühlen die Politikerinnen und Politiker in den Ratssälen sitzen. Bequem sieht definitiv anders aus. Wer sich davon selber überzeugen möchte, kann in der sessionsfreien Zeit an einer Führung durchs Bundeshaus teilnehmen. Es gibt während einer Stunde interessante Einblicke in die Ratssäle und die Kuppelhalle. Der Zutritt ist kostenlos, wird allerdings nur mit einem gültigen Ausweis gewährt.

Bundeshaus und Bundesterrasse, Bundesplatz 3, 3005 Bern, Tel. +41 (0) 31 322 87 90
www.parlament.ch
ÖPNV: Bus 10, 19, Haltestelle Bundesplatz

Eine Sommerliebe

73 *Unbeschwerte Stunden am Moossee*

Es ist für gewöhnlich eine Liebe, die ein Leben lang hält. Jene zum Badesee der Kindheit. Für viele Bernerinnen und Berner ist es der Moossee. Schon allein der Name war und ist etwas ganz Besonderes mit all diesen Doppelbuchstaben, auch wenn ihn alle immer nur den See nannten. Groß ist er nicht, nur knapp einen Kilometer lang und etwa 300 Meter breit. Einige nennen ihn eine Pfütze. Nicht nur seiner Größe wegen, sondern auch weil er so warm wird und sein Wasser trüb ist. Sie haben keine Ahnung. Der Moossee, das ist Sommer, Sonne, Freundschaft, ein verliebter Blick, der erste Kuss.

Wer dort ist, schwimmt hinaus zur Boje oder bis zum Floß. Klettert rauf, lässt sich von der Sonne trocknen und schwimmt zurück ans Ufer. Oder weiter hinaus. Dorthin, wo der See tiefer und das Wasser kühler ist. Hier ist sonst kaum jemand, es ist still, nur ein Vogel zwitschert hoch oben in der Luft.

Zurück am Ufer kann man lesen oder ein wenig schlafen. Es spielt keine Rolle, wie spät es ist. Vielleicht Nachmittag. Das Licht wird weich, die ersten Besucher packen ihre Sachen zusammen. Die Kinder, die einander kreischend angespritzt haben, müssen nach Hause. Das Wasser schwappt ans Ufer. Der See glitzert und funkelt wie ein kostbarer Schatz. Zum Abschied noch einmal die Füße ins Wasser tauchen, schweigend.

Der Moossee befindet sich etwa zehn Kilometer nördlich von Bern. Der See und das Gebiet rundherum liegen in einem Naturschutzgebiet. Das Strandbad befindet sich am Südostufer, nur dort darf gebadet werden. Ganz in der Nähe, im sogenannten Seeuferpark, ist ein ganz besonderes Fundstück zu sehen. In einer speziellen Vitrine ist dort das bislang älteste bekannte Schweizer Boot ausgestellt. Es ist ein 6500 Jahre alter Einbaum aus Lindenholz, der 2011 bei Grabungsarbeiten am See entdeckt wurde. Als die Archäologen den Einbaum fanden, untersuchten sie Reste eines neolithischen Dorfs aus der Zeit um 3800 vor Christus. Dieses Dorf befand sich dort, wo sich heute die Liegewiese des Strandbads erstreckt.

Strandbad Moossee, Badweg 23, 3302 Moosseedorf, Tel. +41 (0) 31 859 03 23
www.moosseedorf.ch/de/inhalte/freizeit-und-kultur/baeder-naherholung.php
ÖPNV: Regionalverkehr Bern-Solothurn RBS, S8, Haltestelle Moosseedorf

Der Countdown läuft

74 *In 60 Minuten aus dem Adventure Room*

Wer ist verrückt genug, um sich freiwillig in einen Raum sperren zu lassen, aus dem es nur mit Köpfchen ein Entkommen gibt? Nun, es sind viele und es werden immer mehr. Die Berner Adventure Rooms sind eine wahre Erfolgsgeschichte. Diese begann 2012 mit einem Schulprojekt. Der Berner Physiklehrer Gabriel Palacios entwickelte für seine Schüler einen Raum, aus dem sie sich nur befreien konnten, wenn sie es schafften, physikalische Aufgaben zu lösen. Schnell merkte Palacios, dass die Schüler Spaß an der Sache hatten. Plötzlich war die Motivation der Schüler riesig. Also entwickelt Palacios das Schulprojekt weiter, der erste Adventure Room entstand.
Inzwischen lassen sich Abenteuerlustige auf der ganzen Welt freiwillig in Adventure Rooms einschließen. In Bern kann man an fünf verschiedenen Standorten spielen, mindestens zu dritt sollte man sein, aber nicht mehr als zu sechst. Für die Flucht aus dem Raum hat man genau 60 Minuten Zeit. Es geht darum, möglichst schnell Verstecke und Geheimtüren zu entdecken und den Sinn geheimnisvoller Gegenstände und Zeichen herauszufinden. Nur so kann die Flucht gelingen.
Ein Spiel, das sich auch für Einsteiger eignet, ist die Jagd nach dem heiligen Gral. An zentralster Lage an der Maulbeerstraße geht es darum, eine befreundete Archäologin zu finden, die bei der Suche nach dem heiligen Gral verschwunden ist. Die Spiele sind körperlich nicht anstrengend, sehr wohl aber geistig. Man sollte unbedingt im Team arbeiten, sonst hat man keine Chance, die Rätsel zu lösen und dem Raum zu entkommen. Gefährlich oder gruselig ist es nicht, aber nervenaufreibend und spannend. Es wird gar von einer Gruppe erzählt, die so ins Spiel vertieft war, dass sie zwei ihrer Mitglieder beim Eingang in den Handschellen vergaß. Die Uhr tickt unaufhaltsam. Immer stellt sich die Frage, ob man es schaffen wird, innerhalb der 60 Minuten aus dem Raum zu flüchten. Gelingen tut dies nur gerade mal 30 Prozent der Teams, so viel sei verraten.

Adventure Room, Maulbeerstraße 10, 3011 Bern, Tel. +41 (0) 79 121 20 82
https://bern.adventurerooms.ch
ÖPNV: Tram 3, 6, 7, 8, 9 und Bus 10, 11, 17, 19, 30, Haltestelle Hirschengraben

Schwerelos im Altenberg

75 *Loslassen und entspannen bei Float Bern*

In Zeiten, in denen das Leben auf der Überholspur stattfindet, tut es gut, mal einen Gang runterzuschalten und sich von der Reizüberflutung des Alltags zu verabschieden. Das beste Mittel zum Zweck: Floaten, Schweben im Salzwassertank in absoluter Stille und völliger Dunkelheit. Die Körperfunktionen fahren herunter, scheinbar schwerelos gleitet man in der Sole in einen tiefen Entspannungszustand. In der Leere lenkt nichts mehr ab, es entsteht Platz für Gedanken und Träume.
Erleben lässt sich dieser wunderbare Zustand bei Float Bern im Altenbergquartier. Dort, bei Christof Baumann, kann man loslassen. Der Körper scheint mit dem Salzwasser, das fast genau die Temperatur der Hautoberfläche hat, zu verschmelzen, Grenzen verschwinden.
Der Tank oder die Muschel, in der man floatet, wird von oben geschlossen. Akustische und optische Wahrnehmungen bleiben außen vor, was entsteht, sind innere Bilder. Wem die völlige Stille und Dunkelheit Mühe bereitet, kann meditative Musik hören oder im Tank ein Licht einschalten. Allerdings wird dadurch der Effekt des Floatens gemildert. Denn ausschließlich durch die komplette Reizfreiheit wird im Kopf der Reset-Knopf gedrückt. Nur ohne sensorische Reize kann sich das Gehirn in kurzer Zeit erholen und Stress abbauen. Schweben im Salzwasser ist nicht nur perfekt zur Stressreduktion geeignet, sondern bringt zahlreiche weitere positive Effekte mit sich. Gelenke, Bandscheiben, Sehnen und Bänder werden entlastet. Die Haut wird durch die hohe Konzentration der Mineralsalze gepflegt und verjüngt.
Lange wurde das Floaten in die Ecke der Esoterik gedrängt. Heute jedoch ist es als Instrument der Entspannungstechnik anerkannt. Wer aus der Muschel steigt, tut dies mit klarem Kopf. Man muss also nicht jahrelang meditieren, um von den angenehmen Folgen eines leicht veränderten Bewusstseinszustands zu profitieren. Es reicht, mitten in Bern ins konzentrierte Salzwasser zu steigen, um sich treiben zu lassen.

Float Bern, Altenbergstraße 44, 3013 Bern, Tel. +41 (0) 79 551 28 01
www.floatbern.ch
ÖPNV: Bus 12, Haltestelle Bärengraben

Tanz im Kesselhaus

76 *Kultur und Kulinarik in der Dampfzentrale*

Früher stieg hier Dampf aus Kesseln auf, Turbinen drehten. In der Dampfzentrale an der Aare wurde Strom produziert. Heute zischt und pufft es auf dem Areal nicht mehr. Aus der Dampfzentrale ist ein Zentrum für Tanz, Musik und Clubkultur geworden. Im ehemaligen Turbinensaal und im Kesselhaus wird zeitgenössische Kunst präsentiert. Es ist ein Kulturerlebnis jenseits des Alltäglichen, das im alten Industriekomplex, nahe dem Glücksort Marzilibad, wartet. Was in der Dampfzentrale gezeigt wird, ist Hauptstadtkultur, ein wenig übermütig, immer anregend, nicht selten extravagant und oft exklusiv. Es darf experimentiert und entdeckt werden.

Die Dampfzentrale hat eine bewegte Vergangenheit. Anfang des 20. Jahrhunderts stieg der Strombedarf der Stadt so sprunghaft an, dass das Flusskraftwerk im Mattequartier mit der Lieferung nicht mehr nachkam. Also wurde die Dampfzentrale gebaut, ein thermisches Kraftwerk. Bis 1973 produzierte es Strom, dann war Schluss, und man stellte sich die Frage, was nun mit dem Gebäude geschehen sollte. Wäre nicht die Denkmalpflege eingeschritten, so wäre die Dampfzentrale wohl dem Erdboden gleichgemacht worden und heute definitiv Geschichte. So aber entstand 1986 der Verein Dampfzentrale, der das Gebäude für kulturelle Zwecke nutzen wollte. 1987 bewilligte der Gemeinderat den Versuchsbetrieb. Zehn Jahre später stand die Gesamtsanierung des geschützten Industriebaus an. Der Charakter der Räume blieb, die Infrastruktur entspricht seither den Bedürfnissen eines zeitgemäßen Kulturbetriebs.

TIPP Zu den jährlichen Höhepunkten gehört das internationale Tanzfestival TANZ IN. BERN.

Die Dampfzentrale ist mehr als ein kultureller Begegnungsort. Im Restaurant gleichen Namens lässt es sich auch ausgezeichnet schlemmen. Auf den Tisch kommen innovative mediterrane Speisen. Die Terrasse des Restaurants ist eine der wenigen, die direkt an der Aare liegt. Entsprechend beliebt sind die Tische dort, sobald es warm genug ist, um draußen zu sitzen. Aber auch drinnen lässt es sich in wunderbarem Ambiente tafeln. Die Atmosphäre ist das ganze Jahr über unvergleichlich.

Dampfzentrale Bern, Marzilistraße 47, 3005 Bern, Tel. +41 (0) 31 310 05 40
www.dampfzentrale.ch

ÖPNV: Marzilibahn, Haltestelle Marzili, abends/nachts: Bus 30, Haltestelle Dampfzentrale

Rüsselnasen im Streifenkleid

77 *Ein bisschen Schwein im Tierpark Dählhölzli*

Das Dählhölzli ist der Berner Tierpark. Zwischen der Aare und dem Dählhölzliwald leben rund 200 verschiedene Tierarten. Die Gehege sind groß, es gilt das Motto „Mehr Platz für weniger Tiere". Mehr als die Hälfte des Tierparks ist frei zugänglich. Es lassen sich nordisch-europäische Tiere wie Steinböcke, Biber oder Waschbären beobachten. Aber auch Wildschweine. Und die sind besonders im Frühling ein wahrer Publikumsmagnet. Kaum jemand spaziert an der Aare entlang, ohne beim Wildschweingehege einen kurzen Stopp einzulegen. Was es zu sehen gibt, ist schlicht und einfach zuckersüß: kleine Frischlinge mit dunklen Knopfaugen im hell- und dunkelbraun gestreiften Kleid. Welch ein Gewusel im Gehege. Die Kleinen treiben mit sichtlichem Vergnügen Schabernack, rennen umher, schubsen und jagen sich und rangeln miteinander. Die besonders Mutigen ärgern auch mal den Papa oder springen auf die Mutter, die ein Nickerchen machen möchte. Zwischendurch wühlen sie mit ihren Rüsseln im Boden oder legen sich auch mal schlafen. Die kleinen Kerlchen sind zum Niederknien. Stundenlang könnte man dem fröhlichen Haufen zusehen. Es fällt schwer, den Blick von der Rasselbande abzuwenden und weiterzugehen. Mit etwas Glück begegnet man im Dählhölzli aber noch weiteren niedlichen Jungtieren, möglicherweise im Freigelände hinter dem Vivarium im eintrittspflichtigen Teil des Tierparks. Dort leben nicht nur Seehunde, Wölfe, Rentiere und Elche, sondern auch viele andere Tierarten. Sogar Clowns gibt es im Dählhölzli, gefiederte mit bunten Schnäbeln. Es sind Papageitaucher, die mit ihrem Watscheln tatsächlich ein wenig an Charlie Chaplin erinnern. Lohnend ist auch der Gang durch die Wisent-Anlage: Ein 250 Meter langer Holzsteg führt zwei bis drei Meter über dem Boden durch den Wald. Das erlaubt einmalige Blicke auf die Wisente. Im Vivarium schließlich sind Tiere aus allen Erdteilen zu sehen, Affen etwa, aber auch Schlangen, Spinnen, Fische und Schildkröten.

Tierpark Dählhölzli, Tierparkweg 1, 3005 Bern, Tel. +41 (0) 31 357 15 15
www.tierpark-bern.ch
ÖPNV: Bus 19, Haltstelle Tierpark

Einmal Afternoon Tea bitte

78 *Ein gediegener Nachmittag im Bellevue Palace*

Käme gleich die Queen um die Ecke und würde sich zu einem an den Tisch setzen, wäre man wohl nicht einmal erstaunt. Kein Wunder, schließlich geht es beim Afternoon Tea im Bellevue Palace „very British" zu. Das Ambiente ist edel, ganz so, wie es sich für ein 5-Sterne-Hotel gehört. Bei schönem Wetter sollte man sich zum Teetrinken auf die Terrasse setzen. Dort hat man einen wunderbaren Blick auf das Bundeshaus, die Kirchenfeldbrücke und die verschneiten Alpen in der Ferne. Drinnen ist es nicht minder schön, schließlich ist das Bellevue ein Haus mit Geschichte, was man sieht und fühlt. Aufwendig sind Stuck und Wandmalereien, kostbar die Teppiche, elegant die Möbel.
1865 wurde das Haus eröffnet. Könige und Kaiser, Adelige und Millionäre residierten im Bellevue Palace. Die Wirren der beiden Weltkriege überstand das Hotel gut, allerdings geriet es durch die Wirtschaftskrise in Schwierigkeiten. Es sah ganz danach aus, als würde es in ausländische Hände fallen. Die Schweizerische Nationalbank sprang in die Bresche. Sie erwarb 1976 die Aktienmehrheit des Unternehmens und schenkte das Hotel knapp 20 Jahre später der Eidgenossenschaft.
Heute ist das 5-Sterne-Haus ein Treffpunkt für all jene, die es gerne gediegen und vornehm mögen. Der Service ist freundlich und zuvorkommend, von Snobismus keine Spur. Das Afternoon-Tea-Angebot kann sich sehen lassen. Nebst den Schwarztee-Klassikern findet man auf der Karte beispielsweise auch verschiedene Grüntees sowie Weißen Tee und Oolong. Dazu gibt es süße und salzige Köstlichkeiten von der Etagere. Fingersandwiches mit Rauchlachs oder Ei etwa und Scones mit Marmelade. Wer möchte, kann den klassischen Afternoon Tea upgraden. Mit Prosecco zu einem Sparkling Tea oder mit Champagner zu einem royalen. Egal, ob klassisch, sprudelnd oder königlich, wichtig ist es, sich für dieses kleine Stück Luxus genügend Zeit zu lassen. In der Langsamkeit liegt der Genuss.

Bellevue Palace Hotel, Kochergasse 5, 3011 Bern, Tel. +41 (0) 31 320 45 45
www.bellevue-palace.ch
ÖPNV: Tram 6, 7, 8, 9, Haltestelle Zytglogge

Musik mit Klasse

79 *Beste Unterhaltung im Casino*

Beim Wort Casino denkt man schnell einmal an einarmige Banditen, Poker und Roulette. Das Casino in Bern hat aber nichts mit Glücksspielen, sondern vielmehr mit Kultur und Kulinarik zu tun. Das Traditionshaus im Herzen von Bern wurde erst kürzlich frisch herausgeputzt; zwei Jahre lang wurde das gesamte Gebäude umgebaut und saniert. Das Resultat kann sich sehen lassen. Es ist nun ein gesellschaftlicher und kultureller Treffpunkt mit Klasse. Auf dem Programm stehen Konzerte, Kleinkunst und satirische Veranstaltungen sowie verschiedene Events. Zudem gibt es unter demselben Dach fünf verschiedene Gastronomie-Konzepte. Alles aus einer Hand, lautet das Motto.

Besitzerin des 1909 eröffneten Casinos ist die Burgergemeinde Bern. Das ist eine Personengemeinde mit etwa 19.000 Burgerinnen und Burgern. Die meisten von ihnen gehören dank ihrer Abstammung dazu. Einige wenige erhielten das Burgerrecht geschenkt, weil sie sich in besonderer Weise für Bern oder das öffentliche Wohl einsetzten. Kurz zusammengefasst erfüllt die Burgergemeinde in Bern vielfältige soziale, kulturelle, wissenschaftliche und ökologische Aufgaben. Dass das Casino in neuem Glanz erstrahlt, ist ihr zu verdanken.

Besonders schön ist im restaurierten Haus der große Saal, das Herzstück. Edel ist er, in hellen Farben gehalten, Weiß dominiert. Die goldenen Stuckaturen und die großen Kronleuchter an der gewölbten Decke ziehen bewundernde Blicke auf sich. Der Saal ist der Hauptveranstaltungsort des Berner Symphonieorchesters. Die Akustik ist einmalig, tolle Hörerlebnisse sind garantiert. Das Orchester ist mit rund 100 Musikerinnen und Musikern eines der größten der Schweiz. Es legt Wert auf ein vielfältiges Angebot für ein breites Publikum. Erklingen die Instrumente, macht sich ein warmes Gefühl im Bauch breit. Streicher und Bläser bringen etwas zum Klingen, berühren einen im Innersten. In diesem Moment wird alles andere nebensächlich. Es gibt nur noch die Musik.

Casino Bern, Casinoplatz 1, 3011 Bern, Tel. +41 (0) 31 328 02 00
www.casinobern.ch

ÖPNV: Tram 6, 7, 8, 9, Bus 10, 12, 19, 30, Haltestelle Zytglogge

Meister Petz im Glück

80 *Happy End fürs Wappentier im Bärenpark*

Der Bärengraben war nicht immer ein glücklicher Ort. Vor allem für die Bären nicht, die der Stadt Bern der Legende nach den Namen gaben. Sie fristeten ein tristes Dasein im Graben nahe der Nydeggbrücke. Die engen Platzverhältnisse, der karge Boden und Futterneid machten den Tieren zu schaffen. Ein zweites kleineres Gehege vermochte die Situation des Berner Wappentiers kaum zu verbessern. Tierschützer empörten sich zunehmend, und Besucher schauten oft mit Beklemmung in die Gräben. Zwar erfreute man sich am Anblick putziger Jungtiere, aber alle wussten: Ein tolles Bärenleben sieht anders aus. Glücklicherweise gehören diese tristen Zeiten für die Bären der Vergangenheit an. Seit 2009 leben die Braunpelze am Hang der Aare, in einem neuen grünen Park. Unterirdisch ist der mit dem als Denkmal geschützten großen Bärengraben verbunden. Nun können die Tiere wählen, wo sie sich am wohlsten fühlen. Im kleinen Graben können sich Besucherinnen und Besucher ein Bild davon machen, wie das Leben in Bern aus Bärenperspektive lange aussah. Grau und ziemlich langweilig.
Im neuen Bärenpark ist alles ganz anders: Nun können die Bären zwischen Büschen spielen, auf Bäume klettern und im Wasser fischen und baden. Jetzt ist es tatsächlich eine ungetrübte Freude, den Tieren zuzusehen und zu beobachten, wie sie ein nahezu echtes Bärenleben führen. Allerdings braucht es oft ein wenig Geduld, die Bären sind nicht immer auf Anhieb zu sehen. Den besten Blick auf den Hang hat man unten an der Aare. Mit etwas Glück kann man einem Bären aus unmittelbarer Nähe beim Bad im Pool zuschauen. Wer selber eine kleine Erfrischung braucht, setzt sich auf die großen Steinstufen direkt an der Aare und lässt, mit Blick aufs Mattequartier, die Füße ins grünblaue, kühle Nass baumeln. Schnell fließt das Wasser, Wellen und Wirbel bilden sich. Die Aare ist Bern, die Bären sind Bern. Der Bärenpark vereint sie.

Bärenpark, Großer Muristalden 6, 3006 Bern, Tel. +41 (0) 31 357 15 15
www.tierpark-bern.ch
ÖPNV: Bus 12, Haltestelle Bärengraben

Bibliografische Informationen der Deutschen Nationalbibliothek
Die Deutsche Nationalbibliothek verzeichnet diese Publikation in der Deutschen Nationalbibliografie; detaillierte bibliografische Daten sind im Internet über http://dnb.d-nb.de abrufbar.

Konzeption/Satz: Droste Verlag, Düsseldorf
Einbandgestaltung und Illustrationen: Britta Rungwerth, Düsseldorf, unter Verwendung von Bildern von © Fotolia.com: jd - photodesign.de; © iStock: Plociennik Robert
Fotos: Bettina Studer, außer:
S. 13: Aqua Spa Resorts; S. 19: Mein Küchenchef; S. 49: Konzert Theater Bern; S. 57: Grand Casino; S. 77: Hotel Alpenblick; S. 97: Bierhübeli; S. 107: David Biedert; S. 109: Jugendherberge Bern; S. 117: Alpakahof Bern; S. 119: Bindella; S. 121: Strunk; S. 133: Naturhistorisches Museum; S. 143: FF; S. 155: Adventure Room; S. 157: Float © Tanja Kurt by Digitale Massarbeit; S. 163: Bellevue Palace Hotel; S. 165: Casino Bern

FSC® www.fsc.org MIX Papier aus verantwortungsvollen Quellen FSC® C011279

Druck und Bindung: LUC GmbH, Greven
ISBN 978-3-7700-2189-5

www.drosteverlag.de